HAPPINESS
e HAPPY MONEY

Rafael D. Kasischke

Happiness e Happy Money

Informação bibliográfica da Biblioteca Nacional Alemã: A Biblioteca Nacional Alemã lista esta publicação na Bibliografia Nacional Alemã; Dados bibliográficos detalhados estão disponíveis na Internet em http://dnb.dnb.de.

Editor: BoD · Books on Demand GmbH, In de Tarpen 42, 22848 Norderstedt/Alemanha
Impressão: Libri Plureos GmbH, Friedensallee 273, 22763 Hamburg/ Alemanha

ISBN: 978-3-7693-2228-6

Este livro é para muitas almas humanas
dedicado a quem ainda não vive tranquilo
e procurando a alegria na vida,
de riso e alegria.

Que a luz brilhe sobre estas pessoas
e trazê-los para a felicidade.

ÍNDICE

Prefácio

LUZ dourada e brilhante flui para as pessoas. Uma luz dourada as envolve. Essa luz as preenche com AMOR. Elas se sentem acolhidas. Elas se sentem bem. Elas estão felizes. Uma profunda sensação de FELICIDADE e ALEGRIA as envolve. Elas estão tocadas por essa luz. Ela enche seus CORAÇÕES. Elas sentem o AMOR e a conexão com algo maior – a energia cósmica.

Luz – Amor – Leveza – Paz – Liberdade – Atenção – Compaixão – Gratidão – Reconhecimento – Verdade – Confiança – Respeito – Abertura do coração – Intuição – Inspiração – Dança – Riso – Alegria – Descontração – Serenidade – Despreocupação – Riqueza interior – Valores internos – Satisfação interna, bem como entusiasmo, cercam essas pessoas. Elas se sentem felizes, compreendidas e "em casa" em seus próprios corações. Com alegria, elas abraçam suas famílias, amigos, vizinhos e a comunidade.

E essa alegria é percebida por outras pessoas. Elas se aproximam e querem entender o que está acontecendo: uma grande transformação – da melancolia, medo e sofrimento anteriores à abertura atual dos corações, ao recebimento da luz dourada, ao sentir de alegria e felicidade.

Cada vez mais pessoas chegam. Todas também recebem amor, luz dourada e alegria. Uma reação em cadeia começa. Mais e mais pessoas são atraídas e querem vivenciar esse milagre.

Do sofrimento, medo e tristeza, pessimismo e insegurança em relação ao futuro, declínio e caos, surge uma calma interior, confiança, otimismo, um novo começo, alegria de viver, leveza, serenidade e, com isso, felicidade.

Como isso é possível? Como isso aconteceu? Quem desencadeou isso? É uma ficção? É apenas um momento? Ou esse novo despertar é duradouro?
Não é ficção. Não é um sonho. É o futuro próximo. Nós fazemos as pessoas felizes. Nós as tiramos de suas vidas monótonas e as envolvemos com um halo sagrado que brilha profundamente em seus interiores e alcança suas células corporais e sentimentos, transformando-os de sombrios em dourados.

Pois a nossa consciência cresceu da noite para o dia. E, com nossa consciência, também se expandiram nossas células corporais, mentais e emocionais. Nossos traumas, nosso passado vivido e nossa situação presente aparentemente sem saída desapareceram da noite para o dia. Um brilho dourado atingiu as pessoas que estavam abertas e preparadas para isso.

E agora essas pessoas estão contagiando outras. Elas também querem provar esse néctar de bem-aventurança. E elas também são preenchidas por esse novo sentimento de amor, alegria e gratidão. E elas também recebem o brilho dourado – o halo sagrado.
Tudo isso não é uma visão, mas o futuro próximo. Está à porta – esse sentimento de felicidade entre as pessoas.

Todos os dias lemos sobre o tema felicidade nos meios de comunicação. Existe até uma lista de países com as pessoas mais felizes. Os países nórdicos, como Finlândia, Dinamarca, Islândia, Suécia e Noruega, ocupam os primeiros lugares no Relatório Mundial de Felicidade 2024.

Mas será que ficamos mais felizes ao saber, pelos meios de comunicação, quais são os países com as pessoas mais felizes? Não. Em parte, isso deixa as pessoas ainda mais infelizes, porque elas pensam: como os outros podem ser felizes e eu não?

Todos nós podemos ser felizes. E é sobre isso que trata este livro. Mas, como mencionado no início, a transição para a felicidade da noite para o dia ainda não aconteceu. Até lá, precisamos seguir o caminho convencional para alcançar a felicidade interior. E o caminho convencional às vezes é um pouco espinhoso. De qualquer forma, é um processo que aprendemos com as experiências da vida. Mas, no fundo, nascemos felizes. Afinal, podemos nos sentir gratos por termos vindo ao mundo e por podermos vivenciar as experiências ricas que a vida nos proporciona.

E, quando crianças, rimos mais. Depois, muitas pessoas desaprendem isso. Devemos nos lembrar desses tempos despreocupados e reativar o riso e a alegria – do coração. E devemos incentivar outras pessoas a trilhar esse caminho também. Assim, a paz e a alegria entram em nossas vidas e no mundo.

Portanto, trata-se de recuperar a felicidade que experimentamos como crianças e depois desaprendemos. Porque todo ser humano – todos nós – deseja ser feliz.

Você é feliz? Por quê? Como? Todos os dias ou apenas raramente? Como você expressa sua felicidade? Gostaria de saber como permanecer constantemente feliz ou se tornar ainda mais feliz? Algumas pessoas são felizes hoje e infelizes amanhã – ou seja, oscilam.

Existem muitos livros, conselhos e sugestões. Li alguns para conhecer a sabedoria de outros autores. Mas poucos me convenceram. Por quê? Muitos abordam o tema de maneira científica. Psicologia positiva é a palavra mágica. Ou são pseudo-espirituais com ótimos conselhos.

Abordo o tema de maneira diferente, do lado prático. Para mim, felicidade é um processo que não se aprende da noite para o dia. Como tudo na vida, a felicidade também tem dois lados. Pois vivemos na dualidade: dia – noite, luz – sombra, alegria – sofrimento, guerra – paz, positividade – negatividade.

Para alcançar a felicidade, devemos passar por experiências – tanto positivas quanto negativas. O melhor é quando nem sabemos de antemão o que nos espera. Simplesmente seguimos o caminho – seja em direção à prosperidade ou ao abismo. Isso se revelará com o tempo.

E, se por acaso tomarmos o caminho em direção ao abismo e conseguirmos sair de lá, então uma experiência foi vivida e o objetivo alcançado.

Praticamente, podemos riscar essa experiência da lista.

E assim, há muitas experiências que contribuem para alcançar a felicidade. Mas primeiro devemos vivenciá-las. Se seguirmos o caminho da prosperidade, isso não significa que nunca mais experimentaremos o abismo. Ele ainda pode surgir em nosso caminho e nos encontrar. E então, de repente, a alegria e a leveza se transformam em peso, tristeza e sofrimento. Por quê? Porque nos identificamos com nosso corpo, nossa história, nossos pais, nosso trabalho, nossos bens, em vez de observar tudo de longe, com sabedoria.

Introdução

Muitas pessoas buscam alegria, entusiasmo pela vida e um propósito para viver. Preocupações, medos e dúvidas já têm o suficiente. Este livro pretende inspirar alegria e também reflexão sobre a vida. Fico feliz em receber recomendações e sugestões.

Já dei várias palestras sobre felicidade: "Como trazer serenidade e alegria para a minha vida? Happiness & Money" é o título das minhas palestras.
Ou: "Como ser feliz, descontraído, despreocupado e sem medo?" Afinal, muitas pessoas estão estressadas, preocupadas em ganhar dinheiro, temem o futuro, têm problemas familiares ou sofrem de depressão. Rafael conhece esses temas por experiência própria. Por meio de sua transformação interior, tornou-se uma pessoa alegre e cheia de vida. Você também gostaria de ser assim?

Também ofereci a empresas suíças e alemãs ajuda para tornar seus funcionários felizes. Recebi a resposta de que seus funcionários já eram felizes e que tinham pessoal interno qualificado para isso. Fico muito feliz que esse tema tenha chegado a todas as empresas e que seus funcionários agora sejam felizes. Naturalmente, tive que sorrir com essas respostas. Pois, no mundo de hoje, poucas pessoas são realmente felizes e cheias de alegria (= beyond joy).

Por que os colombianos são mais felizes que os suíços? Perguntei a um doutorando colombiano na Universidade de St. Gallen. Sua pesquisa se concentra na preservação do patrimônio cultural e ecológico das comunidades indígenas da Colômbia, bem como nos mecanismos de mediação e diálogo no âmbito das Nações Unidas. Ele vive na Suíça há vários anos e conhece bem as diferenças entre os dois países.

Sua resposta foi: o povo colombiano possui, internamente, dons que estão ocultos aos suíços e a outros povos ocidentais. É a alegria interior (the joy beyond), a felicidade interna, o riso, as brincadeiras, a faísca criativa (chispa, em espanhol), o espírito travesso e malicioso, a sagacidade (picardia).

De onde vem essa força? De uma fonte à qual, na verdade, todos têm acesso, mas muitos esqueceram ou reprimiram o uso dessa energia. Os povos indígenas têm acesso a essa fonte. Harmonização é a palavra mágica – harmonização entre as pessoas (e não individualização) e harmonização com a natureza. Eu chamo isso de espiritualidade.

Quero inspirar e sensibilizar as pessoas a encontrar o ouro interior – a alegria, a leveza, a pureza infantil, o amor e a sabedoria – dentro de si mesmas e serem felizes.
Meu objetivo é tornar o mundo mais bonito e trazer felicidade para ele. O desafio está em mudar a mentalidade e as atitudes das pessoas, libertando-se do ego e do apego ao dinheiro.

No dia 24 de agosto de 2024, conheci um casal da Índia na Bahnhofstrasse, em Zurique. Um jovem segurava uma placa onde se lia: "Queremos pessoas positivas". O casal indiano e eu nos aproximamos ao mesmo tempo do jovem com a placa. Discutimos sobre pessoas positivas e felicidade. Como alcançamos a felicidade? perguntou o indiano. Fazendo algo pelos outros, algo que toque nosso coração como doadores e o coração do presenteado, sem esperar nada em troca – puramente por amor ao próximo.

Claro, podemos também receber algo, mas não da maneira usual – com uma grande soma de dinheiro. Ganância e maximização de lucros não estão mais na moda. Escrevo mais sobre isso no capítulo 7.

O que tocou meu coração e pelo que sou grato?

Sou grato pela minha vida. Escrevo sobre isso no capítulo 6. E sou grato pelas experiências que pude vivenciar ao longo da minha trajetória. Foi graças a essas experiências que me tornei uma pessoa feliz. Hoje, tenho muito menos bens materiais do que antes. Em contrapartida, possuo muito mais – em conhecimento, sabedoria, vivências, além de meus talentos e dons. Todos os dias conheço novas pessoas, trago-lhes alegria, luz do sol e luz dourada, e ajudo a aliviar seus medos.

Essa é uma dádiva maravilhosa que toca meu coração, e pela qual agradeço ao Todo.

É necessário ter uma grande fortuna material para ser feliz?
Já tive uma fortuna – com uma casa muito grande e própria, em uma localização privilegiada de Miami, na Flórida. Uma ampla entrada com uma fonte adornava o jardim da frente. Na parte de trás da casa, havia um belo jardim com uma grande piscina, adjacente ao campo de golfe do famoso hotel Biltmore, com vista para o buraco Par 3, visível do quarto no andar superior.
Na garagem, dois carros. Os filhos estudavam em escolas particulares. Ao nosso redor, as mansões mais lindas e as pessoas mais ricas de Miami, com convites e festas constantes. Profissionalmente, eu era bem-sucedido, representando os interesses de um banco suíço na América Latina. Assim, pode-se ser feliz. E eu era.

Mas, mais tarde – quando esse brilho externo me foi tirado – me tornei ainda mais feliz. Esta é uma história sobre mim e sobre outras pessoas, sobre o verdadeiro – o interior – estado de felicidade.
Devemos aprender: não estamos no mundo para acumular bens, mas para evoluir.

Podemos nos perguntar: o que estou fazendo agora me ajuda a evoluir? Estou ajudando outras pessoas a se desenvolverem ou a reduzirem seu sofrimento e confusão? Especialmente em nosso mundo louco de hoje, cheio de imprevisibilidades e ações que acontecem na mente das pessoas – seja no palco mundial ou em um abrigo de refugiados –, o sofrimento e a dor entre as pessoas são grandes. Devemos oferecer nossos ouvidos a elas.

E devemos lhes oferecer esperança, luz e amor. Assim, crescemos.

E evoluir também envolve, além de dar e ser grato, o ato de perdoar. Ao longo da vida, somos confrontados com muitas injustiças. E, por nossa vez, confrontamos outras pessoas – primeiro nossos pais, na infância e adolescência, com palavras e acusações nem sempre justas, e depois outras pessoas ao nosso redor.

Devemos perdoar esses pensamentos, palavras e acusações negativas que dirigimos a nós mesmos e às ações dos outros em relação a nós. Essa ferramenta do perdão é uma das mais importantes no caminho para a felicidade. Eu perdoo quem fez algo a mim ou a meus filhos. E perdoo a mim mesmo pelo que fiz a outros.

Nós, humanos, somos ambos: vítimas e agressores. Mas há também uma terceira posição: a do libertador, do salvador, do redentor. Ao longo da vida, transitamos de um papel para outro: de vítima a agressor, e depois a salvador.

Devemos tentar romper com essa tríade e observar esses papéis à distância. Devemos ser o herói ou a heroína – o narrador da história – e não a vítima dela. Sabemos: não somos nossos genes. Apenas 10% de nossa constituição vêm dos genes.

Se nos considerarmos hóspedes neste planeta e nos desvincularmos de nossas identificações, tornando-nos observadores do grande teatro e adotando uma perspectiva diferente, ficamos serenos, alegres e encontramos paz na alma.

Minha missão: fazer você, caro leitor, feliz – trazer-lhe alegria, amor, felicidade e leveza, e ajudá-lo a se livrar do peso do fardo. Mergulhe nessa nova energia. Você verá a si mesmo e o mundo ao seu redor com novos olhos.

1. Capítulo: O que é Felicidade?

Ser feliz, sentir alegria, rir – isso faz parte do programa básico da nossa natureza humana. As crianças são automaticamente felizes. Porque elas não conhecem o medo. Porque ainda não tiveram experiências negativas na vida (perda de emprego, de dinheiro, do parceiro, falência, traição, corrupção, etc.).
Elas são despreocupadas e aventureiras. Estão abertas para as aventuras da vida. Querem descobrir e experimentar – testar seus próprios limites e os dos outros. Elas têm confiança. Querem brincar e se divertir. Querem surpreender e ser surpreendidas. Querem sentir alegria. Curiosidade, leveza e entusiasmo pela vida irradiam de seus olhos.

E nós, adultos – o que queremos? Também queremos viver aventuras, testar nossos limites, nos divertir, brincar – com dinheiro, com a vida e com o "fogo". Nos queimamos e recomeçamos. Quando realmente dói, paramos.

Nós, adultos, também queremos vivenciar experiências, assim como as crianças. Mas em um nível diferente de consciência. E já tivemos algumas experiências negativas. O resultado disso é que rimos menos, somos menos despreocupados e mergulhamos menos na vida do que as crianças. E, por isso, sentimos menos felicidade do que elas.

Mas queremos tentar alcançar isso novamente – revitalizar – reencontrar nossa criança interior. Olhar para a vida com olhos de criança, ser brincalhões, receber alegria, abrir nossos sentidos e começar a rir de coração.

O que precisa acontecer para recuperar essa despreocupação e alegria infantil, essa confiança divina? Trata-se de uma nova visão da vida. Experimentamos uma nova leveza. A alegria de viver se espalha. Uma nova vida começa.

"Se você ousar, sua coragem crescerá.
Se você hesitar, seu medo crescerá."
– Mahatma Gandhi

Mas, antes de tudo, surge a pergunta: O que é, afinal, a felicidade? É a conexão do meu espírito com o meu coração e minha alma. Tudo está harmoniosamente interligado. Nenhum deles deseja ser mais importante que o outro – nem o espírito (e possivelmente o ego), nem o coração, nem a alma. A alma é a mais importante nesse trio – nessa conexão. Pois a alma está integrada em nós antes mesmo do nascimento. É a base do nosso ser. Ela dá o tom.

Acreditamos que é o nosso espírito que dá o tom. Mas não é assim. É a alma quem diz qual é o nosso caminho – mesmo que esse caminho seja cheio de pedras, tortuoso e talvez nem sempre ético ou moral. A alma também quer experimentar esse caminho. E, assim, seguimos por ele – devemos segui-lo para que a alma possa vivenciar essa experiência.

E qual é o papel do coração nesse trio? O coração é a ponte entre o espírito e a alma. É ele que diz o que é certo e o que é errado. O coração é o mediador – a bússola. Quando meu coração está puro, brilha e se sente bem, então meu espírito e minha alma estão em harmonia. Todos os três se sentem bem. E então estou em felicidade. E então estou em saúde espiritual, emocional e mental.

No entanto, não posso alcançar esse estado de felicidade interior na juventude, porque – antes de alcançar esse estado – preciso passar pelas experiências que minha alma deseja vivenciar. O espírito participa de todos os jogos. Pois, dentro de nós, humanos, existe a polaridade: o bem e o mal, a positividade e a negatividade. Em ações negativas, o coração é simplesmente desligado. As ações positivas são bem recebidas pelo coração, que se alegra.

Além disso, deve-se mencionar que esse trio está conectado à grande alma – a energia cósmica –, que é outra razão para o nosso sentimento de felicidade. Sentimo-nos guiados, compreendidos e protegidos.

A felicidade, portanto, é um sentimento. Sentimo-nos leves, alegres, felizes, eufóricos. Temos vontade de "arrancar árvores". Nosso nível de endorfina (os hormônios da alegria) dispara para o alto.

"A maior maravilha que existe
está dentro de você. Olhe para ela."
– Kurt Tucholsky

No entanto, sinto que muitas pessoas no mundo não são felizes – tanto pobres quanto ricas. A diferença entre pobres e ricos é o dinheiro. Os pobres podem ser até mais felizes que os ricos. Pois esse sentimento reside em seus corações e eles irradiam alegria e felicidade. Seus olhos são o espelho de sua alma. Eles vivem no "agora" e não no ontem ou no amanhã.

O pobre não quer "sempre mais", como é o caso de muitos ricos. No entanto, o pobre precisa do mesmo que o rico: um teto sobre a cabeça, comida, bebida, educação e saúde.
Os ricos acreditam ser felizes porque podem comprar muitas coisas. Mas riqueza e posses também podem ser um fardo. É preciso cuidar delas, multiplicá-las e controlá-las. E alguns têm medo de perder e se preocupam. E então surge a pergunta, no final da vida: para quem deixar a herança? Nossos filhos e netos farão bom uso dela? Vivi entre pessoas ricas. Conheço suas preocupações, medos e pensamentos.

Curt Engelhorn, ex-patriarca da indústria farmacêutica (Boehringer Mannheim), disse em vida: "Minha vida inteira busquei calor humano e reconhecimento. Em grande parte da minha vida, falhei". Ele foi uma criança negligenciada, traumatizada pelo divórcio dos pais. E tornou-se pai de filhos negligenciados, traumatizados por seus casos extraconjugais.

Ele pertencia ao mundo das grandes fortunas. Mas era solitário e pobre de espírito.

E assim acontece com muitos. Poucos, porém, abrem seus corações para expressar o que sentem. Homens poderosos e bem-sucedidos muitas vezes endurecem. Eles têm um caráter forte, exibido para o mundo exterior, mas suas almas murcham. Elas funcionam enquanto a vida externa funciona. Depois, segue-se um vazio desesperador.

Aristóteles Onassis: "Um homem rico é muitas vezes apenas um homem pobre com muito dinheiro."

Paul Getty: "Ter dinheiro não elimina preocupações financeiras."

Em outubro de 2024, tive o privilégio de ser convidado para um evento internacional na Índia (Mt. Abu, Rajastão). Foi um centro de retiro espiritual, com foco em autoconhecimento e na consciência do corpo, mente e alma.

Durante este retiro, tive a oportunidade de mergulhar profundamente em mim mesmo – ouvir e sentir, fortalecer meu interior para espalhar minha felicidade no mundo no futuro. As mensagens recebidas, bem como as conversas que tive com muitos participantes ao longo da semana, foram tão inspiradoras, curativas e iluminadoras que se tornou cada vez mais fácil para mim aceitar e assumir meu papel no mundo.

Conheci 70 pessoas de diferentes países – África do Sul, Quênia, Gana, Maurício, Seychelles, Índia, Japão, Indonésia, Malásia, Vietnã, Dubai, Bósnia, Inglaterra, Suíça, Itália, Espanha, Brasil, Trinidad, Canadá e EUA.

Perguntei a cada participante sua opinião sobre o sentimento de felicidade da população em seus respectivos países. As respostas foram muito semelhantes: as pessoas estão focadas no material. Por isso, muitas vivem estressadas. Externamente, parecem felizes. Mas é apenas uma aparência – e não um estado verdadeiro.

Happiness no contexto internacional

Já durante a viagem de quatro horas de Ahmedabad para Mt. Abu, compartilhando um táxi com uma jovem jornalista de Dubai, conversamos sobre felicidade em Dubai. "Claro que as pessoas lá são felizes", disse ela, "porque só enxergam o material. Não conhecem a conexão com a natureza e a espiritualidade." Recebi uma resposta semelhante, pouco antes, sobre a Arábia Saudita, em uma feira imobiliária em Munique.

No contexto do mundo materialista, o verdadeiro e profundo sentimento de alegria e felicidade foi perdido. Mas muitos anseiam por isso. Isso significa que todos nós, que carregamos esse sentimento profundo dentro de nós, somos chamados a levá-lo ao mundo, a tornar as pessoas felizes de coração, a trazer luz e alegria.

Sobre minha pergunta sobre a felicidade, quero mencionar o Japão. A resposta veio de uma professora universitária de Hiroshima, a Dra. Fuyuko Takita. Sobre o tema felicidade, ela me contou sobre as três etapas no Japão:

O Japão Antigo: Devido à antiga religião nacional japonesa, o Xintoísmo, as pessoas alcançavam mais verdadeira felicidade interior, pois os princípios fundamentais do Xintoísmo enfatizam a importância da pureza, harmonia e respeito pela natureza. Os japoneses antigos estavam mais conectados ao divino e, portanto, eram mais felizes no verdadeiro sentido da palavra.

O Japão Moderno: À medida que o Japão se modernizou, como o mundo ocidental, sua economia floresceu. E as pessoas no Japão começaram a se tornar muito prósperas em termos materiais. Enquanto desfrutavam desse excesso material, começaram, especialmente as gerações mais jovens, a se desconectar mais do mundo espiritual. Assim como no Ocidente, com o aumento da satisfação e suficiência material, muitos japoneses começaram a se concentrar na competição e na pressão pelo sucesso. Isso levou a um vazio ainda maior dentro deles, e começaram a sofrer de ansiedade e depressão.

Falta de Espiritualidade e mais Individualismo: O Japão é considerado um país budista, mas poucos praticam o budismo, e muitas pessoas não têm conexão com o divino nem aprendem sobre espiritualidade neste país. Muitas gerações mais jovens se tornam cada vez mais individualistas e se afastam da sociedade e da comunidade. Como muitos não têm a sabedoria da identidade espiritual, "Quem sou eu?", carregam máscaras para agradar os outros e não vivem de acordo com seu verdadeiro propósito de vida. Por causa dessa falta de sabedoria espiritual, muitos perderam o propósito da vida – um conceito extremamente interessante no contexto da felicidade japonesa. *(Dra. Fuyuko Takita/Universidade de Hiroshima)*

Adiciono que no Japão raramente se expressam emoções. Elas são reprimidas. Há um esforço em evitar emoções – especialmente negativas – e manter as aparências. Aqui está um exemplo: uma grande empresa construiu um novo edifício de escritórios – com sala de fitness, espaço para relaxamento, etc. – e um ambiente completamente isolado, com paredes grossas, destinado aos funcionários para liberar suas emoções reprimidas, como agressões e raiva. No entanto, nenhum funcionário utilizou a sala.

Isso mostra que os japoneses mantêm suas emoções dentro de si e não as expressam. Isso está relacionado à cultura – respeito pelos mais velhos e a prática de não demonstrar sentimentos verdadeiros e honestos.
Pode alguém ser feliz sem expressar seus verdadeiros sentimentos? E não é importante o sentimento de conexão com algo maior para se sentir feliz?

Um contraste cultural
A situação emocional nos países do sudoeste do mundo – Espanha, Itália e América Latina – é bem diferente. Lá, os sentimentos são demonstrados. Mas isso os torna mais felizes? Não necessariamente, a menos que estejam conectados a uma fonte, como mencionado na introdução.

Encontrei pela terceira vez no retiro em Mt. Abu a Christina Carvalho-Pinto, produtora de cinema de São Paulo, internacionalmente reconhecida no campo das mídias transformadoras, que unem criatividade e consciência. Ela escreveu:

"O Brasil e a felicidade"
"O Brasil é um imenso caldeirão de povos e culturas de todas as partes do mundo: de nossos povos originários a alemães e japoneses, de africanos a chineses, de italianos a portugueses, de espanhóis a franceses e holandeses, entre muitos outros.

O resultado dessa fascinante mistura é uma alma brasileira com características únicas. Alegria, flexibilidade, calor humano, criatividade e resiliência vivem em nós de forma perceptível e original.
Então, somos felizes? A pesquisa mais recente mostra que 83% dos brasileiros dizem: 'Sim, sou feliz'. Por outro lado, quão profunda é essa resposta em um país, em um mundo, tão marcado por sombras?

Sim, nossa natureza brasileira é alegria e felicidade, mas nas empresas as pessoas sofrem, em todos os níveis hierárquicos, com burnout, depressão e outros transtornos mentais. Depressão, ansiedade e suicídio aumentam de maneira inesperada entre crianças e jovens.
Em todo o mundo, os tomadores de decisão mais poderosos ignoraram (e continuam ignorando) todos os alertas sobre

mudanças climáticas, e agora vivemos a era das mudanças climáticas.

Mesmo assim, sou feliz, e sei que você também é, Rafael. Nós – e tantos outros – vemos este momento como uma grande oportunidade de espalhar felicidade. Não é um sintoma de alienação. É uma lembrança pura de onde viemos e a quem pertencemos. A consciência da alma nos leva a sentir e compartilhar o que as pessoas mais precisam: amor e paz, o verdadeiro caminho para a felicidade."

"Uma perspectiva mais ampla sobre felicidade"
Claro, não devemos generalizar a população de nenhum país. Sempre há exceções, pessoas que alcançaram um estado interior profundo, ou seja, um nível mais elevado de consciência. Por exemplo, tivemos em nosso retiro um monge de Durban, na África do Sul, que acumulou profundo conhecimento interior ao longo de muitos anos e estava plenamente satisfeito consigo mesmo e com o mundo ao seu redor.

Por outro lado, uma jornalista muito sábia e experiente no retiro chamou minha atenção para um exemplo no Nepal: Matthieu Ricard. Ele é um monge budista, escritor, fotógrafo, conhecido por sua felicidade. Ricard abandonou sua carreira científica para praticar o budismo tibetano. Ele vive no Himalaia.
Não precisamos ir tão longe ou tão alto para sermos felizes. Basta transformar nosso interior. O momento para isso é agora.

"Felicidade como um movimento global"

A felicidade não é apenas uma palavra, mas uma nova onda no mundo – um mundo cheio de preocupações, medos, sofrimentos e tristezas. O mundo, ou melhor, as pessoas, precisam de felicidade, confiança e uma visão de um novo e mais belo mundo – repleto de paz, profunda compreensão, discernimento e consciência.

O que é felicidade? Felicidade é estar conectado com a natureza, em um vínculo amoroso com outras pessoas e alinhado com uma instância superior. Essa ideia foi confirmada em uma conversa com o diretor do Global Hospital em Mt. Abu. Quando olhamos para a vida – nossa vida – com outros olhos e com profunda compreensão, sentimos felicidade – mesmo se a vida estivesse prestes a terminar.

"Elementos essenciais para alcançar a felicidade"

O que é necessário para alcançar a felicidade? Meditação – um mergulho profundo em nosso ser mais íntimo, para receber mensagens, insights, orientações e soluções para os desafios de nossa vida.

Além disso, devemos expressar nossos sentimentos em vez de reprimi-los ou escondê-los. Isso nos liberta de nossos bloqueios internos.

E precisamos nos aproximar de outras pessoas, estabelecer conexões com elas e, no futuro, formar uma comunidade. Em muitos países subdesenvolvidos, as pessoas são um pouco mais felizes porque possuem um círculo de conhecidos dentro de suas comunidades e mantêm contato próximo. Em países altamente desenvolvidos, isso é menos comum. Hoje, temos as redes sociais, mas elas não substituem uma conexão pessoal e emocional entre as pessoas.

"Pensamentos positivos e transformação interior"
"Devemos direcionar nossos pensamentos para o positivo. Plante sementes de pensamentos positivos. Deixe essas sementes crescerem. Então, coisas positivas virão à tona."

2. Capítulo: Reflexões sobre Alegria, Riso e Leveza

Que maravilhoso é observar e estar ao redor de pessoas alegres. Elas são calmas, relaxadas e flutuam levemente ao longo do dia. Meu coração se alegra a cada vez.

A alegria é uma visão fundamental sobre o mundo, sobre nós mesmos e os outros, sobre a vida e a morte. Trata-se de nossa atitude em relação à vida.

A alegria não nega a seriedade do mundo. Ela a aceita e a transforma. "O humor é apenas uma forma engraçada de ser sério", disse uma vez Peter Ustinov.

E Sigmund Freud complementa: "Ao longo da vida, há bifurcações nas quais podemos escolher não seguir o caminho da preocupação, mas sim o do riso, ou melhor, do sorriso. Tomar a decisão certa, optar por não sofrer com a vida, é uma grande conquista."

O humor é a capacidade de se libertar dos traumas vivenciados na infância em relação aos pais. É olhar para si mesmo de uma posição elevada e sorrir com carinho para si – para nossas tolices, erros e ações. Pois a pressão dominante e intimidadora de um pai era, para a criança, um trauma. Por essas e outras razões, muitas pessoas perderam a alegria e o sorriso. É quase como um talento reaprender essa nova perspectiva sobre o mundo e sobre si mesmo.

Isso ocorre porque nosso pensamento está focado em posse e consumo. Somente quando nos despedimos da fixação por posses e abandonamos o medo de perdê-las, adotando uma nova perspectiva de vida, é que pode surgir um pouco mais de alegria.

Mas dentro de nós permanece a mensagem de nossos pais e da sociedade: "Seja diligente e produza muito." A mensagem nunca foi: "Seja alegre!"

A alegria não pode ser tomada como uma pílula, comprada na Amazon ou reservada como um curso. Não basta ler um livro de autoajuda.

Na filosofia antiga, existe o termo "eudaimonia", traduzido como felicidade, mas que não está totalmente correto. Todas as discussões entre os filósofos antigos giravam em torno do caminho para alcançar a "eudaimonia". Um papel importante nesse caminho era desempenhado pela serenidade da alma. Devemos nos dedicar ao trabalho, ao prazer ou à moderação? Sêneca dizia: "Reduza suas expectativas sobre a vida; não se apegue a ela. É melhor rir da vida do que chorar por ela. Portanto, sem se sobrecarregar, liberte-se das expectativas, seja tolerante com os outros e consigo mesmo."

Como podemos trazer leveza e alegria para nossas vidas?

A resposta: Não precisamos rir o tempo todo. Mas podemos sorrir e praticar gentilezas cotidianas, ouvir os outros, mostrar interesse, curiosidade, boa vontade e conforto aos outros. Assim, podemos enxergar a vida como o que ela também é: um jogo.

O que importa é o sorriso, a bondade, a aceitação das coisas, a transformação, a leveza, a suavidade, a bondade e a serenidade.

Pensamentos sobre felicidade:

1. A vida é feita de alegria e felicidade. Mas o trabalho e o dinheiro levam à felicidade? Não!
    Por 2.000 anos, pais e sociedade nos disseram para aprender e estudar, conseguir um emprego e ganhar a vida.
    Por 2.000 anos, a igreja e todas as religiões nos ensinaram a trabalhar para sermos satisfeitos. Mas ninguém nos ensinou a ser felizes na vida.
    Estudar na escola, cursar a universidade e trabalhar em um emprego não nos torna felizes.
    Ganhar dinheiro também não nos faz felizes.
    O que nos faz felizes? A resposta está aqui – no coração.
    É hora de mudar nossa consciência e crenças, de nos movermos em direção à felicidade – na vida, no trabalho e em relação ao dinheiro.

2. Estamos na Terra para ter experiências – nossa alma deseja vivenciar tanto boas quanto más experiências.
    Não estamos aqui para nos agarrar ao dinheiro e ao ego.
    Precisamos agora liberar esse apego e seguir em direção à alegria.

E essa alegria vem de uma fonte profundamente enraizada em nós.

Estamos conectados a uma fonte que sempre está lá e nos nutre. Devemos sentir essa fonte.

Mesmo quando tudo no mundo material nos é tirado, ainda resta algo infinitamente mais valioso do que tudo isso: nossa conexão com essa fonte. Isso nos traz alegria.

Algumas pessoas em países mais pobres carregam essa sabedoria dentro de si. Em seus rostos, é possível ver amor e alegria.

3. Podemos comprar verdadeira alegria e felicidade com dinheiro?

   Podemos comprar proteção contra câncer ou demência com dinheiro? Podemos levar dinheiro conosco quando partirmos desta vida? A resposta é: Não!

   Devemos repensar nosso foco no dinheiro. Nosso apego ao material já não faz sentido. E a crença de que "dinheiro traz felicidade" é ainda menos válida.

   Precisamos encontrar a alegria de viver, a leveza e a despreocupação dentro de nós mesmos e não em fatores externos.

4. Quando estamos na alegria e felicidade (e não no medo), todas as nossas ações negativas passadas são curadas, especialmente nossas células corporais, que podem estar afetadas por doenças como o câncer.

As células negativas são eliminadas, e novas células positivas crescem.

A alegria é a maior força transformadora. Ela cura tudo.

5. O medo é o maior obstáculo de nosso tempo e, ao mesmo tempo, um desafio para cada um de nós. Nossos pensamentos frequentemente giram em torno do medo – medo de perder o emprego ou o status social, medo do fracasso ou de perdas financeiras. Precisamos substituir o medo pelo amor.

   Quando estamos na alegria, que é sinônimo de amor, o medo desaparece.

6. Muitas pessoas se preocupam com diferentes coisas. Esses pensamentos de preocupação moldam nossos sentimentos. Uma nova perspectiva – uma nova maneira de ver – pode nos libertar desses pensamentos. A transformação acontece!

   Devemos prestar atenção aos nossos pensamentos – cultivar apenas pensamentos positivos, evitando notícias, mídias, estresse, vícios, ego, e nos alegrando com pequenas coisas: o sol, a natureza, o sorriso de outras pessoas, o amor de nossas crianças.

7. Para superar o medo e as preocupações, precisamos nos despedir do passado. Devemos deixar para trás pensamentos e emoções antigas. Elas nos impedem de alcançar nossa força e energia plenas. Somente ao

deixar o passado para trás, podemos abrir caminho para um futuro novo.

Tenha coragem de deixar os caminhos familiares e trilhar novos – seja pioneiro e visionário. Sintonize-se em uma nova frequência – de leveza e alegria.

8. Hoje, devemos ver a vida e tudo ao seu redor como um todo. Pois tudo está conectado. E, por isso, devemos hoje dizer obrigado.

   Devemos agradecer por todas as experiências negativas em nossas vidas. Pois queríamos viver essas experiências. Agora as vivemos. E, assim, o capítulo está encerrado.

   Um novo capítulo pode começar – uma nova perspectiva, um novo começo de vida – o início de um novo mundo. Bem-vindo!

   E devemos agradecer por todas as experiências positivas que nossa alma desejava vivenciar. Que alegria! Que riqueza!

9. Hoje, devemos fazer as pazes – conosco mesmos, com nossos pais e nossos antepassados. Devemos perdoá-los e nos reconciliar com eles.

   Carregamos muitas feridas dentro de nós – feridas que vêm de nossa família, de nossos antepassados e de nossa infância.

   Devemos compreender que nossos pais e avós também carregaram essas feridas e as sofreram. E, qualquer que tenha sido nossa experiência na infância, nossos pais e avós também passaram por destinos difíceis. Nós carregamos isso em nosso sistema. Agora essas feridas podem ser curadas.

10. Devemos hoje aprender a confiar. O mundo e as pessoas estão carentes de confiança. Não tenha medo. Há algo maior que nos guia. Nosso pequeno entendimento humano não pode captar o todo, mas ele está lá. Estamos conectados a algo mais elevado. Há uma ligação.
Portanto, devemos confiar e não ter medo. Quando confiamos, conseguimos também desapegar. Somente quem tem medo se apega e não solta.

11. O mundo está agora em uma encruzilhada, e o ser humano deve tomar uma decisão. Ele tem a liberdade de escolher qual caminho seguir.
Um caminho é o apego ao antigo – ao dinheiro, ao trabalho, ao materialismo – e com isso vem o medo de perder o velho, e a luta.
Ou ele escolhe o novo mundo – sem medo, sem luta, sem apego – simplesmente vivendo o hoje e confiando no amanhã, estando na alegria, leveza e felicidade, e "vendo" com os olhos internos a nova realidade.
O velho mundo leva ao nada. O novo mundo conduz à elevação do ser humano e da Terra, à cura e à paz.

12. A busca por "sempre mais" não leva à felicidade nem à saúde. Não devemos mais condicionar nossa felicidade e alegria às coisas externas, mas buscá-las dentro de nós mesmos.

Uma nova visão sobre nós e nossa vida – sobre como nos relacionamos com as pessoas, a natureza e os recursos – nos transforma e transforma o mundo.

E é disso que se trata: Todos nós queremos criar um mundo melhor para nós, nossos filhos e netos. Como podemos fazer isso? Algo precisa acontecer primeiro dentro de nós. Devemos trabalhar em nós mesmos. A mudança começa internamente: mais coração, mais amor, mais humanidade.

13. Quando estamos felizes e alegres, nossos relacionamentos com agressores, inimigos e família são curados. Passamos a vê-los como amigos e realizamos projetos conjuntos que conduzem à alegria.

É um ciclo: Quando estamos alegres, a alegria retorna para nós. E podemos inspirar outras pessoas a mudarem sua mentalidade e a buscarem a felicidade.

14. Imagine uma situação em que você foi incrivelmente feliz. Lembre-se de um momento, talvez na infância, quando você brincava na praia. O sol brilhava, as ondas balançavam suavemente. Havia outras crianças ali. Elas tinham baldes, pás, peneiras e outros brinquedos.

Você se aproximava. Vocês brincavam juntos, construíam um castelo e usavam os brinquedos.
À noite, você voltava para casa com seus pais. Foi um dia lindo e feliz. Você quis levar os brinquedos consigo? Não! Eles estavam lá para serem usados – por todos! Não precisamos satisfazer nosso ego com posses.

15. Imagine agora outra situação em que você foi feliz – talvez como adolescente ou adulto. Você estava apaixonado. O que os sentimentos de felicidade fizeram com você?
Naquele momento, as coisas materiais tinham importância? Como sua formação, seu trabalho, seu carro, ou seu apartamento próprio?
Você estava feliz? Por quê? Por causa do seu estado de estar apaixonado ou por possuir bens materiais?

16. O que você precisa para ser feliz? Um carro *(que serve apenas para levar você de um ponto a outro, não é algo que proporciona felicidade – nem mesmo um Ferrari)*.
O que você precisa para dormir bem? Eu preciso de silêncio!
Você precisa de um apartamento próprio para isso?
Você precisa de uma cozinha luxuosa para preparar refeições saudáveis e saborosas?
Eu preciso de pessoas ao meu redor. Isso me faz feliz. Preciso de uma casa grande para isso? Não!

Eu preciso de beleza. E encontro isso, por exemplo, quando viajo de trem, observo a paisagem verdejante com campos cheios de flores amarelas, montanhas, lagos e converso com passageiros amigáveis.

17. Preciso possuir tudo – carro, casa, cavalo de corrida, iate a motor ou veleiro, casa de férias – para ter alegria? Não!
As coisas não podem ser levadas conosco quando deixamos a Terra.
Eu preciso de algumas coisas para viver. Preciso delas para usá-las, mas preciso possuí-las?
Isso me torna mais feliz ao possuí-las?
Talvez "sim", porque na infância desenvolvemos o sentimento de que "só posso me sentir bem se possuir coisas". Isso é um problema psicológico!

18. Quando estamos felizes e alegres, o dinheiro também cresce. Pois nossas ações negativas anteriores relacionadas ao dinheiro são eliminadas. E novos recursos financeiros chegam até nós.
Então, usamos esse dinheiro em coisas que servem a nós (e ao nosso coração) e ao mundo. Não apenas gerando lucros monetários, mas também trazendo um ganho imaterial: alegria – a alegria de ver um investimento crescer, seja no campo ou nas pessoas.

19. Já ouvimos: quando estamos na alegria, o dinheiro também cresce. Aqui está uma metáfora:
Quando plantamos uma árvore, começamos um novo projeto ou encontramos um novo amor, e colocamos muito coração, amor e espírito na raiz/terra, a árvore, a planta, o projeto, o investimento e o dinheiro florescem. Com nossa consciência mais elevada, tudo em que investimos cresce.
O retorno é holístico: não apenas material, mas também imaterial: alegria de viver, saúde, felicidade, entusiasmo, leveza, e um sentido para a vida.

20. Qual é a relação entre dinheiro e leveza? Nenhuma! Somente quando mudamos nossa perspectiva sobre o dinheiro, a leveza entra em cena. Mas nós, humanos, vemos o dinheiro como algo "pesado". E ele parece frio. Não se sente calor nele.
Mas, se rirmos e nos alegrarmos, o dinheiro também se alegra.
Se queremos alcançar a leveza, precisamos ver o dinheiro com alegria. Assim, ele vem até nós com facilidade e felicidade. Porque estamos mostrando apreço pelo dinheiro.
O dinheiro deseja ser "visto" e "notado" – reconhecido como energia. Então, ele retorna para nós – muitas vezes multiplicado.

21. O mais importante na vida: saúde mental e satisfação.
A satisfação é um pré-requisito para a saúde mental,
emocional e espiritual.
Quando estamos satisfeitos interiormente, não
precisamos acumular tantos bens materiais
externamente.

Como alcançamos a satisfação?
Trata-se da integração de:
valores internos e externos,
o interno e o externo,
o material e o espiritual,
a energia masculina e feminina,
o indivíduo e a sociedade,
os hemisférios esquerdo e direito do cérebro.

Assim, atinge-se equilíbrio (Yin/Yang). E assim se cria harmonia
– dentro das pessoas e entre as pessoas. Essa harmonia leva a
um nível mais elevado de consciência. O resultado dessa
transformação e dessa nova perspectiva é: felicidade, alegria,
sentido, satisfação e, consequentemente, saúde.

22. A fonte de saúde e cura está dentro de nós. Essa fonte, e
a felicidade que dela emana, experimentamos por meio
da autocompreensão e do foco em nossa riqueza
interior, em vez do exterior. Essa nova mentalidade,
aliada a um estilo de vida saudável, conduz à felicidade.

Quando integramos luz (= frequência mais elevada), amor e leveza em nossas vidas, criamos alegria, satisfação interior e saúde.

23. Para alcançar sucesso na saúde mental e espiritual, é necessária uma mudança profunda na mentalidade da humanidade. Devemos aprender a viver de forma saudável, incluindo:

   - não buscar "mais" (mais consumo, mais lucro, etc.),
   - evitar o apego ao ego e aos valores materiais,
   - reduzir o uso excessivo de dispositivos móveis (notícias, redes sociais) ou outros vícios,
   - eliminar o estresse (na família, no trabalho, no transporte público ou carro),
   - adotar uma alimentação saudável (menos sal, açúcar, fast food),
   - praticar bastante atividade física na natureza,
   - garantir um bom sono,
   - cultivar pensamentos positivos,
   - meditar diariamente,
   - manter um sorriso constante.

24. Como alcancei a alegria e a felicidade interior?
Como cheguei à felicidade genuína? Através do
desapego do ego, dos bens materiais e da busca por
reconhecimento e sucesso externo; através da gratidão
pelas experiências vividas; do perdão; da meditação;
de um estilo de vida saudável, entre outros.

"Não existe receita. É preciso viver e sentir."
"There is no road to happiness.
Because HAPPINESS is the road.
Não existe caminho para a felicidade.
Porque a felicidade é o próprio caminho."

3. Capítulo: Descubra a Força em Você

Você veio ao mundo para ajudar todos nós a alcançarmos uma consciência mais elevada. Para isso, é fundamental entrar no silêncio e realizar o trabalho interior!

No momento, não se trata tanto de dar grandes passos no mundo exterior, mas de primeiro passar pelos processos internos. É sobre entrar completamente em sua própria força, independentemente do que está acontecendo ao seu redor.

Liberte-se de tudo o que ainda está impedindo você de estar em sua força.
- Onde você ainda tem limitações?
- Quais padrões de crença ainda o diminuem?
- Quem são as pessoas que ainda estão presas a você, desviando-o de sua verdadeira força?
- Quais comportamentos você ainda mantém que já não fazem sentido ou não são saudáveis para você (assistir muitas notícias negativas, alimentação ruim, hábitos prejudiciais de vida)?

A vida está lhe mostrando claramente onde você ainda precisa se movimentar. Os velhos caminhos não funcionam mais. Então, abra-se agora para a nova energia que quer fluir em você e através de você para este mundo!

A sua energia pura da alma, sua força original – a força que transforma tudo – está dentro de você. Mas você fechou as portas para ela. Agora é o momento de reabrir essas portas e realmente retornar à sua força essencial. Independentemente do que está acontecendo ao seu redor. E independentemente do que outras pessoas em sua vida estão fazendo ou deixando de fazer.

Trata-se de você. Trata-se do seu caminho. Trata-se da sua força. Tenha a coragem de trilhar novos caminhos. Caminhos que talvez ninguém tenha percorrido antes de você, mas que agora precisam ser trilhados!

(Texto de Henrike Pelaez)

Os sinais apontam cada vez mais para mudanças. O que você não precisa mais em sua vida? Talvez antigos padrões de pensamento, emoções negativas que precisam ser liberadas, pessoas que já não lhe fazem bem, ou situações de vida que precisam ser transformadas.

E o que você deseja convidar para a sua vida? Talvez mais alegria, pessoas com campos vibracionais positivos, novos projetos que ajudem você e o mundo. Reflita sobre isso.

Mais do que nunca, é necessário repensar. É hora de deixar para trás feridas antigas e despertar para o seu ser autêntico. Pergunte a si mesmo: Quem eu realmente sou – quem eu sou antes de o mundo (pais/sociedade) começar a me "programar," antes de eu me moldar para agradar meus pais ou a sociedade? Como é o meu "eu autêntico"?

Toda mudança começa dentro de nós. Convido você a sair da sua zona de conforto comigo. Deixar para trás antigos padrões de pensamentos e emoções. E, acima de tudo, para isso: liberar seu passado. Não o que é bom, mas aquilo que o impede de estar na SUA força e completamente autêntico em SUA energia.

Apenas quando liberamos o passado é que uma nova e completamente transformadora visão de futuro pode se abrir para nós. E este futuro é urgentemente necessário para o mundo. Saia dos antigos padrões de reação e entre em uma nova leveza e alegria. E, para isso, é preciso coragem. Coragem para deixar os caminhos habituais e trilhar novos. Ser pioneiro e desbravador. Sintonize-se em uma nova frequência, crie novas perspectivas e permita-se, a cada dia, estar mais em sua força essencial!

Juntos, podemos deixar o passado para trás e moldar um novo futuro para todos nós. Tudo começa com o reconhecimento de que algo em nossas vidas precisa mudar. Saber o que você deseja deixar ir e o que gostaria de convidar para entrar. Por isso, reserve um momento tranquilo para refletir sobre as perguntas acima.

Depois, tome uma decisão interna poderosa, que servirá como base para se realinhar. Por exemplo:
"Tenho a intenção de, neste ano, me despedir dos meus medos e limitações, para ativar meu potencial e experimentar uma nova

liberdade. Para isso, quero me cercar mais de pessoas positivas que me inspirem e me ajudem a estar na minha força."

A Importância do Trabalho Interno Diário

Agora vem a parte mais importante: o trabalho interior diário. Sim, algo precisa ser feito todos os dias para que as mudanças positivas aconteçam. O que você faz depende muito da sua intenção. Como toda mudança começa internamente, o ideal é olhar para dentro: O que posso fazer para me manter em boas energias? O que me ajuda a acessar minha força? E aqui há inúmeras possibilidades: caminhadas, cantar mantras, meditar, fazer um jejum de notícias e mídias, participar de seminários inspiradores, ouvir música curativa, rir, dançar, cantar...

Acredito em um novo mundo. Acredito que agora é o momento certo para deixarmos o antigo para trás e, finalmente, retornarmos à nossa força essencial. Quanto mais pessoas tiverem a coragem de seguir esse caminho, de se libertar de antigos padrões de pensamentos e emoções, de deixar o passado para trás para descobrir quem realmente são e o que ainda existe dentro delas, mais rápido veremos uma mudança positiva neste mundo.

(Texto de Henrike Pelaez)

Reconecte-se com sua Frequência da Alma

Todos carregamos dentro de nós uma frequência da alma maravilhosa. No entanto, nos enredamos tanto nas complicações mundanas que esquecemos completamente quem realmente somos.

Atualmente, uma nova luz está chegando ao mundo, trazendo possibilidades inimagináveis. Nunca foi tão fácil quanto agora deixar para trás todas as limitações. Trata-se de entrar em uma frequência vibracional nova e, ao mesmo tempo, antiga. Não se trata mais de manter as velhas histórias, papéis e conceitos, mas de, com coragem, seguir novos caminhos. SEUS caminhos!

Questione tudo o que você considera verdadeiro, porque agora isso pode perder a validade, permitindo que uma nova e mais elevada verdade se revele! Esvazie-se – só assim algo novo pode surgir. E então veja o que pode emergir dessa vacuidade através de você para o mundo!

Questionando os Conceitos e Identificações

Quantos conceitos, papéis e identificações carregamos que, na verdade, não nos pertencem? Em algum momento, nos disseram como deveríamos ser (para sermos amados pelos nossos pais ou para nos encaixarmos na sociedade ou na escola) e como não deveríamos ser. Disseram-nos para calar a boca quando éramos "atrevidos" e nos pediram para nos tornarmos "alguém" (o que nos afastou do puro sentimento de "já sermos suficientes"). Minha avó insistia que eu fosse comportada, diplomática e bem arrumada. Mas, no fundo, eu era selvagem, brincalhona e direta :) Quais características suas foram reprimidas?

Você tem coragem de realmente viver sua verdade? Ou tem medo de se mostrar? Você ainda sabe o que é a sua verdade? Quem você é e o que define o seu núcleo?

Libertando-se de Papéis e Identificações
Quais papéis (de mulher/homem, mãe/pai, funcionário(a), etc.) você assumiu que não correspondem ao seu verdadeiro eu? É tudo o que aprendemos e com o que nos identificamos realmente verdadeiro?
O que você realmente quer trazer ao mundo?

"Se você fizer algo que faria mesmo sem ser pago e isso lhe trouxer realização, mas o fizer tão bem que outras pessoas estejam dispostas a pagar por isso, então é um indício de que você encontrou seu propósito de vida!"
Essa resposta está dentro de você... e você só a encontrará se deixar para trás tudo o que você não é e mergulhar no silêncio!

Um Momento de Reflexão e Libertação
Vamos, por um instante, esquecer todos esses papéis, conceitos, ideias e identificações. Tudo isso não é o que realmente somos. Vamos remover camada por camada, derrubar muro por muro (aqueles que construímos como proteção para nossos corações devido a tantas feridas) e

descobrir quem realmente somos. Totalmente livres. Totalmente autênticos. Totalmente genuínos. Neste caso, sem considerar opiniões externas. Pois esse tipo de consideração apenas continua a restringi-lo. Ao encontrar seu núcleo verdadeiro, você automaticamente terá mais amor. Mais alegria. Mais força. E mais paz. Para você e para aqueles ao seu redor!

Mas não se deixe mais limitar por pessoas cuja vibração é diferente da sua, onde você precisa rebaixar sua própria energia ou diminuir sua luz. É hora de acordar. De se lembrar dos seus altos campos vibracionais – e de ser novamente autêntico. Assim, você mudará seu pequeno mundo – e também o mundo em uma escala maior.

Coragem para Grandes Transformações

O tempo dos pequenos passos ficou para trás. Tenha coragem de trazer grandes mudanças para o mundo. E aqui tudo começa no interior: desmantelamos nossas limitações internas e restrições, e isso abre novos (antigos) espaços dentro de nós. Automaticamente – quando estamos prontos para abandonar os desejos do ego – a transformação necessária para nós e para o mundo se manifesta!

Tenha coragem de liberar suas limitações e desejos egoicos, e então veja tudo o que existe dentro de você!

(Texto de Henrike Pelaez)

"Coragem não é a ausência do medo, mas o triunfo sobre ele."
– Nelson Mandela

A Força Está em Você

Somente você tem o poder, o amor e a habilidade para dominar sua vida. A força está aí. Ela reside dentro de você, esperando por seu despertar. Sinta essa força em você. Conecte-se com seu coração e sua alma e permita que sua força flua de dentro de você. Pare de buscar externamente. Você é suficiente para si mesmo. E dentro de você está tudo o que você precisa. Confie na sua própria força. Assim, você encontrará:

- Coragem
- Serenidade
- Compaixão
- Paciência
- Convicção
- Força de vontade

Confie que você é capaz.

Abra-se para suas sombras, não para eliminá-las, mas para olhá-las com carinho e aprender a dominá-las com gentileza. Transforme suas sombras em força. Você pode transformá-las ao aceitá-las, respeitá-las e acolhê-las com amor. Nada pode nos destruir, exceto o que rejeitamos dentro de nós. O que amamos e aceitamos como parte de nós nos fortalece e protege.

4. Capítulo: Os Desafios de Ser Feliz

Todos desejam experimentar a sensação de felicidade, satisfação com a vida, alegria, leveza, entusiasmo, humor, curiosidade, criatividade, espiritualidade e sabedoria.

A ciência nos diz que os humanos são 80% emoções. E essas emoções nem sempre são positivas. Sentimentos negativos geralmente têm uma má reputação. A raiva pode levar a ultrapassar limites, o ciúme pode destruir relacionamentos, e ninguém quer estar cercado por pessoas que emanam tristeza e peso constantemente. Esses sentimentos desafiadores frequentemente permanecem ocultos, pois muitas pessoas têm dificuldade em falar sobre eles. No entanto, sentimentos negativos podem oferecer importantes indicações sobre nossas necessidades.

Devemos, portanto, aprender a nos conscientizar de nossas emoções e a lidar com elas. Caso contrário, elas podem nos manipular, como em um jogo de roleta ou em uma dança imprevisível. E devemos aprender a falar sobre nossos sentimentos.

Eu não conseguia falar sobre meus sentimentos quando era criança, nem mesmo na adolescência. Só depois que cheguei à América Latina e vivi lá por muito tempo, observando as pessoas expressarem suas emoções de forma natural, é que me tornei mais aberto. Também comecei a mostrar meus sentimentos.

Mais tarde, de volta a Hamburgo, tornei-me mais consciente das minhas emoções em relação à minha família. As emoções reprimidas durante minha infância e adolescência começaram a emergir aos poucos. Situações e provocações familiares vieram à tona, desencadeando em mim raiva, agressão, ressentimento e tristeza. Fui rebaixado, ignorado, excluído e subestimado – não considerado astuto, ganancioso ou imoral, como alguns membros da minha família.

Ou eu ficava com raiva dos meus colegas ou da minha família porque me apresentavam inverdades. Assim, nem antes do meu tempo na América Latina nem depois disso, consegui ser verdadeiramente feliz e alegre. No capítulo 6, escrevo mais sobre esse tema.

Mas não foi apenas a situação familiar que às vezes impediu minha felicidade. Minha vida profissional também desempenhou um papel. Em certa ocasião, um reconhecimento financeiro por meu desempenho excepcional no banco foi negado. Foi uma luta que durou seis meses. Eu me sentia irritado e agressivo, e passei muitas noites sem dormir.

Muitas pessoas enfrentam, ao longo da vida, situações que desafiam sua felicidade. Um dos obstáculos é a própria ambição. Na infância e adolescência, a ambição já pode estar em ação. Mas, certamente, ela se intensifica durante a formação acadêmica e ao ingressar no mercado de trabalho. Queremos alcançar algo – uma posição mais alta na empresa, um salário maior, um carro, uma casa, formar uma família, mais férias...

Quando esses desejos não se realizam, algumas pessoas ficam inquietas, irritadas, estressadas. E, assim, a felicidade não pode vir à tona.

Outro tema são as frustrações, que também experimentei muitas vezes. Por que nos frustramos? São as expectativas não atendidas que nos frustram, como negócios que não se concretizam, clientes que não conquistamos, lucros ou ganhos esperados que não chegam, fracassos no amor, e assim por diante.

Conclusão: Precisamos nos afastar de energias que não nos fazem bem. Também devemos questionar e reavaliar as crenças que aprendemos na infância. Muitos dos problemas e desafios que enfrentamos na vida adulta têm origem em nossa infância – nossa educação, experiências e pais. Isso pode se manifestar em comportamentos extremos, até mesmo criminosos. Uma criança que vivencia violência doméstica, abuso sexual ou outros traumas graves pode, mais tarde, reproduzir essas experiências na vida adulta.

Problemas psicológicos na infância precisam ser tratados para evitar que essas pessoas se tornem agressores no futuro. E é essencial falar sobre esses temas já nas escolas, implementando medidas preventivas. Não se trata mais de combater sintomas, mas de abordar as causas.

Devemos ajudar os jovens que, devido aos traumas da infância ou até mesmo experiências negativas enquanto estavam no útero, desenvolveram sentimentos de raiva, agressão e ódio. Precisamos impedir que esses sentimentos os levem a recorrer à violência e a causar sofrimento aos outros. Essas pessoas precisam de suporte psicológico. Suas almas podem ter desejado, inconscientemente, experienciar o ato de tirar a vida de alguém. Quando jovens ou adultos recorrem a armas para ferir outras pessoas, algo está profundamente errado em seu interior. Esses problemas emocionais precisam ser tratados, e as causas precisam ser identificadas.

Como mencionado anteriormente, a intervenção deve começar já na fase da infância, observando e conscientizando as crianças e os pais. Mais tarde, na escola, deve-se ensinar sobre conflitos familiares, suas consequências emocionais, e implementar medidas preventivas para evitar explosões de violência no futuro.

Devemos, portanto, prestar mais atenção ao desenvolvimento e ao cuidado na primeira infância, para que as crianças possam lidar com suas vidas de forma mais bem-sucedida no futuro e para evitar a repetição dos mesmos padrões vivenciados pelos pais.
A energia do ambiente familiar não nos deixa automaticamente quando saímos de casa. Essa energia nos acompanha. Em algum momento, precisamos nos libertar das energias destrutivas.

A saúde mental é, portanto, um tema crítico – não apenas para adultos, mas começando já na infância.

As Feridas Emocionais da Infância

Há também outros problemas emocionais enfrentados por pessoas que, quando crianças, não foram "vistas" por seus pais. Embora tenham sido cuidadas fisicamente, emocionalmente foram deixadas sozinhas: "Quem sou eu? O que sou capaz de fazer? Quem me ajuda a ser corajoso e confiante?" Essas crianças não vivenciaram violência ou abuso, mas carregam feridas sutis cujas marcas permanecem por toda a vida. Esse sentimento profundo de abandono pode persistir, levando a comportamentos como excesso de trabalho, vícios em bebida, jogos ou outros. Precisamos enfrentar nossos traumas.

Feridas emocionais estão entre os maiores desafios e impedem a felicidade.

Romper os Padrões da Infância

Não precisamos repetir os padrões que moldaram nossa infância e nos impediram de ser felizes. Devemos reconhecer e nomear nossas feridas da infância. Muitas pessoas lidam com questões como amor, infância e relacionamentos: como amamos, como lutamos em nossos relacionamentos – tudo isso está profundamente enraizado em nossa infância. Muitos problemas de relacionamento apontam para questões não resolvidas da infância. Por exemplo, quando um pai critica a performance de seu filho no esporte, chamando-o de inútil.

As crianças não compreendem que os adultos enfrentam seus próprios conflitos quando ficam zangados com elas. Não percebem que a raiva dos pais está apenas parcialmente relacionada a elas – um mal-entendido fatal, pois é dessas feridas que surgem crenças que adotamos sem perceber. Como, por exemplo:

- Eu não sou bom o suficiente.
- Preciso ser perfeito para ser amado.
- Só sou valioso quando alcanço algo.
- Não posso confiar em ninguém.

Fazer as Pazes com Nós Mesmos e com Nossa Família

Devemos fazer as pazes – conosco mesmos e com os membros da nossa família. Carregamos muitas feridas – feridas que vêm da nossa família, ancestrais e infância. Devemos entender que nossos pais e avós também enfrentaram essas feridas e os desafios que as acompanharam. Seja o que for que tenhamos vivenciado na infância, nossos pais e avós também enfrentaram destinos difíceis.

Carregamos essas energias dentro de nós (muitas vezes até a velhice). Elas precisam ser curadas. Precisamos nos libertar de feridas emocionais como não ser reconhecido, ser deixado sozinho, a ausência emocional de pai ou mãe, não se sentir amado, entre outras.

Desafios na Busca da Felicidade

Existem muitos desafios que nos impedem de alcançar a felicidade. Se as pessoas brigam, ficam com raiva ou frustradas, ou se sentem invejosas, ansiosas ou insatisfeitas, a felicidade se torna impossível.

Estar satisfeito com pouco traz felicidade. Não há necessidade de desejar ou consumir mais e mais. Isso elimina a compulsão de comprar impulsivamente, algo comum, por exemplo, entre muitas mulheres. Basta pausar – sentir a tranquilidade interior – e apreciar o calor do sol. Isso traz felicidade.

> *"Quem uma vez encontrou a si mesmo,*
> *não pode mais perder nada no mundo."*
> – Stefan Zweig

Um Exemplo de Felicidade Não Alcançada

Uma observação que fiz na Suíça é que, embora o país seja um dos mais ricos do mundo, e seus habitantes estejam entre os mais abastados, eles não parecem realmente felizes. Há várias razões para isso, mas a origem está na história do país e nas famílias nas quais as gerações atuais nasceram. Isso significa que seus pais e antepassados também não vivenciaram nem praticaram uma felicidade profunda.

Como venho de um contexto relacionado ao setor financeiro, observo esse tema especialmente sob essa perspectiva. O dinheiro tem um alto valor para os suíços.

No entanto, falar sobre dinheiro é tabu. Isso é silenciado. Na minha opinião, essa é uma das razões pelas quais a verdadeira felicidade é prejudicada. Por um lado, há um foco excessivo no dinheiro. Por outro lado, esse dinheiro nem sempre tem uma origem limpa.

Os médicos em clínicas psiquiátricas ainda não examinaram a relação entre questões financeiras e doenças mentais. Mencionei esse ponto a alguns deles.

A História do Dinheiro na Suíça

A Suíça possui o maior mercado offshore para capitais internacionais. Mas nem todos esses fundos foram adquiridos de forma legítima. Isso não preocupava os suíços, especialmente bancos, advogados, notários e fiduciários. Apenas nos últimos 10-20 anos é que a origem dos fundos recebeu maior atenção. No entanto, ainda existem consultores que disfarçam ou ocultam a origem de fundos duvidosos por meio de estruturas complexas.

Fortunas como o dinheiro dos czares russos no início do século XX, os fundos persas nos anos 1930, os recursos dos curdos, o dinheiro dos judeus durante a Segunda Guerra Mundial, além das fortunas de autocratas africanos, latino-americanos e oligarcas russos, encontraram destino na Suíça. Sabemos que parte desse dinheiro está manchado de sangue. Isso afeta o país e o estado emocional de seus habitantes.

Além disso, muitas organizações internacionais e empresas com sedes em cidades como Genebra ou Zug também têm práticas comerciais nem sempre éticas ou morais, gerando riqueza que, na essência, não é "limpa." Isso pesa na alma da Suíça e de seus cidadãos.

Heranças Problemáticas

Outro ponto é a apropriação de bens alheios por suíços. Há algum tempo, ouvi na rua um suíço dizer a outro: "Seja grato por Hitler ter existido." Inicialmente, não entendi, mas depois compreendi. Alguns suíços alemães apoiavam Hitler; outros eram contrários. No entanto, independentemente disso, Hitler e a guerra enriqueceram suíços – pessoas físicas, empresas e instituições como refinarias de ouro, a família Emil Bührle, entre outros.

Durante e após a guerra, fundos pertencentes a alemães e outras nacionalidades, confiados aos bancos suíços, seguradoras, advogados ou fiduciários, foram apropriados. Isso aconteceu porque muitos titulares das contas morreram nos campos de concentração, e seus descendentes não conseguiam apresentar provas dos depósitos familiares, já que toda documentação estava perdida ou havia sido retida durante a guerra. Assim, o patrimônio nunca foi devolvido e tornou-se parte da riqueza suíça.

Essa falta de ética e moral por parte de bancos, seguradoras, advogados e outros contribuiu para a fundação de algumas das famílias mais ricas da Suíça. No entanto, esse legado pesa nas gerações seguintes. A alta taxa de suicídio entre jovens suíços e os casos de depressão estão, em parte, ligados à origem questionável da riqueza familiar.

O Impacto no Presente

Essa história afeta não apenas questões psicológicas, mas também a atitude reservada, discreta e secreta dos suíços. Para mim, isso se relaciona com o manejo histórico de capitais alheios. Na Suíça, não se fala sobre dinheiro. Esse silêncio indica algo a esconder. E isso deixa marcas na alma: uma sensação de opressão, de não se sentir livre, que ainda é visível na geração atual.

Há uma rigidez, uma introspecção, uma falta de leveza perceptível em muitos suíços. Claro, outros fatores também influenciam, mas o ambiente familiar e a relação com o dinheiro têm grande impacto. As crianças não aprenderam o valor do afeto e do amor expresso em gestos como abraços carinhosos.

Uma Reflexão para o Futuro

Existe uma possível correlação entre a aquisição não ética de dinheiro, a apropriação de bens de clientes, e a falta de verdadeira felicidade entre os suíços. Esse seria um tema interessante para um projeto de pesquisa em uma universidade ou fundação suíça. Anos atrás, mencionei isso ao Instituto Max-Planck em Munique.

Hoje, valores como moral, ética e sustentabilidade estão se tornando mais presentes na consciência de indivíduos e empresas ao redor do mundo. Esses valores fazem parte das regras do "novo tempo". Talvez, transformar "ética e moral" em "ética e espiritualidade" possa nos levar a um caminho completamente novo. Em vez de usar o poder para ganhos pessoais, poderíamos transcender o ego e assumir o papel de guardiões do planeta. O verdadeiro poder está na cocriação coletiva, não na dominação, ego ou lucro.

Se a Suíça também seguir esse caminho e começar a usar o dinheiro de maneira diferente – em benefício das pessoas (conforme discutido no capítulo 7) – a alegria e a felicidade entre os suíços logo florescerão.

> *"Novos caminhos surgem ao caminharmos por eles."*
> – Friedrich Nietzsche

A Nova Geração e a Busca por Felicidade
Tenho compaixão especialmente pela geração mais jovem – estudantes, universitários, etc. – não apenas na Suíça, mas em muitos países ao redor do mundo. Durante meus diálogos com representantes de diferentes países em um retiro na Índia, soube que os jovens estão estressados e não se sentem verdadeiramente felizes. Uma professora inglesa que ensina em

uma universidade africana e foi convidada a dar uma palestra no ETH em Zurique comentou que eu deveria levar felicidade e humor para o ETH. Segundo ela, as aulas são muito sérias – assim como em muitas universidades ao redor do mundo.

"A Felicidade é o sentimento interno de estar em harmonia com o seu próprio destino."

Ao longo da minha vida, conheci pessoas que irradiam felicidade. Um exemplo é Bojana. Em uma piscina pública em Zurique, um ser angelical estava sentado, aproveitando os raios do sol em seu rosto. Seus olhos estavam fechados, e ela sorria o tempo todo. Observei-a e me perguntei o que se passava em sua mente. Percebi uma harmonia total entre seu interior e exterior. Falei com ela e tivemos uma troca de experiências de vida ao voltarmos juntos para casa. Que presente maravilhoso recebi naquela tarde.

Outro exemplo é uma caixa de supermercado que sempre sorri. Que alegria visitar aquele mercado e ser recebido por seu sorriso caloroso! Para cada cliente, ela tem palavras gentis. Perguntei como ela chegou a ser assim. Ela disse que sempre foi alegre e feliz desde criança, apesar de ter enfrentado muitos desafios na vida.
Ela compartilhou uma experiência marcante: quando criança, mentiu várias vezes, e seu pai a puniu severamente. Ele a obrigava a ficar de joelhos sobre grãos de arroz por horas até que ela dissesse a verdade. A dor era insuportável, e ela jurou

nunca mais mentir. É impressionante ver como algumas pessoas, mesmo após experiências difíceis, conseguem irradiar tanta alegria.

Outro exemplo é o de uma conhecida que me contou sobre seu primeiro marido. Ele queria que ela permanecesse em casa, cuidando do lar. Eles não tinham filhos, e ele não permitia que ela trabalhasse ou tivesse uma carreira, pois ganhava o suficiente. Após oito anos de casamento, ele a deixou por recomendação de seu orientador espiritual. Ela ficou sem nada – sem dinheiro, sem casa e sem autoestima, pois ele a havia diminuído ao longo dos anos.

No entanto, algo dentro dela mostrou um caminho. Ela decidiu abrir sua própria loja de vestidos de noiva. Esse empreendimento, aos poucos, trouxe confiança e autoestima, permitindo que, mais tarde, ela conseguisse bons empregos e um excelente salário.

Hoje, ela sente gratidão por seu primeiro marido. Ela acredita que, por meio das dificuldades impostas por ele, encontrou coragem para abrir um negócio e conquistar sua independência financeira. Ela diz que, sem ele, não teria experimentado as coisas boas da vida que vieram depois. "O bom muitas vezes vem disfarçado de algo ruim", ela reflete.

A Gratidão por Nossas Experiências

Também sou grato à minha esposa por ter se separado de mim há 14 anos. Isso me deu a liberdade de seguir "meu" caminho, que é diferente do dela. Acredito que as crianças – as almas que nascem de casais que eventualmente se separam – devem ser trazidas ao mundo por aqueles pais específicos. Elas têm algo a aprender com ambos. Ao mesmo tempo, esses pais devem continuamente expressar amor por seus filhos, seja por palavras carinhosas ou por abraços afetuosos.

Hoje, muitas relações fracassam porque as dimensões interiores dos indivíduos não estão desenvolvidas. Quando não há troca autêntica sobre sentimentos, intuições, medos, sonhos ou desejos, o relacionamento empobrece. O vazio interior não pode ser preenchido com atividades ou consumo excessivo. Onde está o mundo interior, a vivência interna?

Uma Nova Tendência: Inner Development Goals

Felizmente, há um novo movimento surgindo: os Inner Development Goals (Objetivos de Desenvolvimento Interior). Falarei mais sobre isso em outra ocasião.

Exemplo de Resiliência e Felicidade

Uma história inspiradora é a de duas jovens mulheres que enfrentaram consequências severas de vacinas contra a Covid-19: uma desenvolveu artrite reumatoide aos 35 anos, e a outra teve problemas arteriais e danos orgânicos. Uma delas também enfrentou um diagnóstico de câncer anteriormente.

Essas condições de saúde poderiam facilmente abalar qualquer um. No entanto, ambas são incrivelmente alegres e felizes. Elas se mudaram para um lugar lindo no Lago de Constança e estão mais do que satisfeitas com a vida, apesar de suas doenças e da consciência de que talvez não vivam por muitos anos.

Transformação de Desafios em Felicidade

No capítulo 8, conto a história de outra pessoa que transformou seus desafios com amor e luz, alcançando, assim, a felicidade.

5. Capítulo: Como Alcançar a Felicidade

Viktor Frankl e Friedrich Nietzsche exploraram a questão do significado. Essa questão é especialmente importante quando enfrentamos uma crise existencial. Hoje, vivemos em tempos de crise. Por isso, faz sentido focar no lado mais alegre da vida, como "Como alcançar a felicidade" e "Como alcançar a leveza do ser", que nos trazem alegria, satisfação e uma sensação de felicidade. Afinal, preocupações e medos nos cercam diariamente.

A felicidade é um sentimento. E nossos pensamentos influenciam diretamente nossos sentimentos. Devemos, portanto, prestar atenção a nossos pensamentos e observá-los. Pensamentos negativos surgirão, mas devemos deixá-los ir. Nosso foco deve permanecer nos pensamentos positivos, mesmo que os negativos sejam mais numerosos.

Podemos concentrar-nos nos pensamentos positivos evitando notícias, mídias, estresse, vícios, ego, e encontrando alegria nas pequenas coisas: o sol, a natureza, o sorriso de outras pessoas, o amor de nossos filhos.

Pergunte a Si Mesmo: O Que Me Faz Feliz?

Minha resposta, como exemplo:

- o Todas as manhãs, levanto-me com alegria.
- o Não me sinto desanimado ou desmotivado.
- o Alegro-me todos os dias com o brilho do sol (mesmo quando ele não está visível).

- Estou saudável e disciplinado.
- Tenho dois filhos felizes.
- Valorizo meus talentos, habilidades e experiências.
- Um dos meus dons é interagir com as pessoas de maneira descontraída.
- Não me estresso mais para conquistar clientes ou atingir metas impostas por um empregador.
- Estou desapegado do material e não desejo mais coisas. Já tive uma casa fantástica, um Mercedes e muito mais.
- Não me preocupo com o futuro. Sei que o que é certo virá até mim. Estou relaxado e sem estresse.
- Alegro-me em trazer luz solar para a vida das pessoas todos os dias.

Essa felicidade me enche de uma profunda gratidão.

Como Podemos Alcançar a Felicidade, Livre de Medos e Preocupações?

- Trocar insatisfação, preocupações e estresse por alegria, diversão e leveza. Identificar e superar os obstáculos: ego, ambição, padrões familiares, medos.
- Praticar a gratidão, a valorização e o perdão – a nós mesmos, à família e aos que nos causaram dor.
- Adotar atividades significativas sem buscar perfeição.
- Cuidar da alimentação, exercitar -se.
- Rever nossa relação com o dinheiro, libertando-nos do peso dos bens materiais.

Por Que É Difícil Para Muitas Pessoas Encontrar Essa Leveza?

Muitas pessoas desejam carregar essa leveza consigo e irradiar alegria, mas algo as impede. Esses bloqueios frequentemente têm raízes na infância, como já discutimos em capítulos anteriores. Muitas experiências passadas as mantêm presas em um "espartilho" mental, um tipo de prisão psicológica. Elas se sentem incapazes de expressar livremente suas emoções e de se conectar com seus sentimentos mais profundos. Isso acontece porque a sociedade define limites e metas para as pessoas desde cedo, algo reforçado pelos pais. Muitas crenças e padrões de comportamento também se originam na infância.

O Que Faz as Crianças Florescerem Emocionalmente?

Brincar – simplesmente brincar, dar asas à criatividade e aos sentimentos, sem que pais ou superiores imponham limites de tempo ou espaço. É por meio do brincar que as crianças experimentam entusiasmo. E, com isso, crescem a confiança, a alegria, o amor e a gratidão.

Podemos reaprender a ser como crianças, permitindo que nossos pensamentos e sentimentos fluam livremente, brincando, assumindo o papel de guardiões do "ouro" e da Terra, sendo palhaços e fazendo aquilo que nos traz alegria. Podemos inspirar outras pessoas a nos seguir nessa leveza e alegria, espalhando felicidade em um mundo tão sério. Afinal, o mais importante não é o que fazemos no mundo material, mas estar em estado de felicidade e alegria.

Reconectar-se com a Criança Interior

Somos convidados a nos reconectar com nossa criança interior, que simboliza pureza e admiração. Esse passo nos encoraja a redescobrir a inocência infantil – um estado anterior à complexidade e ao peso das experiências da vida. Hoje, trata-se de enxergar o mundo com novos olhos, como uma criança que se maravilha com os mistérios da vida, livre de preconceitos e julgamentos.

Como Retornar a Esse Estado de Inocência?

Apesar de nosso conhecimento e experiências acumulados, podemos aprender a acalmar nossas mentes e remover as camadas de expectativas sociais e tarefas acumuladas. Assim, abrimos espaço para uma vida mais suave, gentil e satisfatória. Permitir que a inocência da criança em nós oriente nossas percepções nos conduz a uma jornada cheia de surpresas, alegria e potencial ilimitado.

Enfrentando o Cotidiano e as Negatividades

Logo somos confrontados novamente com as demandas do cotidiano, que nos mostram os aspectos negativos da vida: traumas, conflitos e outros desafios que estão armazenados em nosso subconsciente. Para realizar a jornada de uma criança a um adulto e, em seguida, retornar ao estado de leveza infantil, é essencial processar e resolver esses aspectos negativos, pois eles impedem nossa felicidade. Para isso, precisamos explorar nosso subconsciente.

O Poder do Subconsciente

Nosso subconsciente é particularmente moldado pelas emoções e memórias vividas entre a concepção e os sete anos de idade. Desde o nascimento, dividimos o mundo em boas e más experiências. O subconsciente registra essa divisão e faz com que, mais tarde, essas impressões pareçam reais para o nosso consciente.

Sabemos que o subconsciente é mil vezes mais poderoso do que o consciente. Se ele é tão poderoso, quem ou o que o controla? A origem de tudo o que nos perturba está nos sentimentos reprimidos, nas feridas, nos medos e nas experiências não processadas que mantemos presos em nosso sistema nervoso. Atrás de cada estresse, sintoma ou padrão de doença – seja físico ou psicológico – estão emoções e memórias enterradas no subconsciente. Quando essas memórias são ativadas, nosso corpo reage com estresse negativo.

Pensamentos que Causam Reações Físicas

Podemos desencadear uma reação de estresse apenas com nossos pensamentos. Basta pensar em algo profundamente gravado em nós para que as memórias de situações passadas se tornem vivas e pareçam reais no momento. Nosso cérebro funciona com imagens, e cada pensamento desperta uma emoção. Como resultado, a frequência cardíaca aumenta, e podemos nos sentir mais ansiosos.

O Impacto das Emoções Presas

O núcleo de cada estresse e doença são sentimentos e memórias – percepções traumáticas enterradas no subconsciente. Precisamos entender que tanto nossas emoções quanto o corpo humano são energia.

Nossos pensamentos geram sentimentos, e os sentimentos controlam nosso comportamento. Quando uma emoção é intensa, estamos sentindo, na verdade, energia vibracional. Cada emoção vibra em uma frequência específica. A raiva, por exemplo, tem uma energia emocional diferente da frustração ou da tristeza.

Essas emoções intensas podem se transformar em energia presa no corpo, formando o que chamamos de "esferas energéticas." Essas esferas podem se alojar em qualquer parte do corpo, interrompendo o campo energético natural.

Sabedoria Antiga Sobre Emoções Negativas

Os antigos sabiam que emoções negativas eram armazenadas no corpo e afetavam tanto as funções emocionais quanto anatômicas. Quanto mais intensas as emoções se tornam, mais as ignoramos ou resistimos a elas. Aprendemos a rejeitar sentimentos desagradáveis em vez de aceitá-los e senti-los.

Procuramos respostas no mundo externo, mas o problema é que não encontramos soluções lá. As respostas estão dentro de nós, pois é de dentro que nossos sentimentos surgem. Só quando voltamos nosso olhar para o interior experimentamos a unidade – a conexão com todas as coisas, incluindo o universo.

A Força Curativa do Espírito

Sabemos do poder do espírito. Está cientificamente comprovado que ele pode se curar repetidamente. O universo nos apoia quando participamos ativamente e acreditamos nesse processo. Juntos, podemos criar algo novo. O universo sempre tem uma solução para nós.

Não peça pelo que deseja; em vez disso, agradeça. Pedir significa que você não tem. A gratidão, por outro lado, reconhece que já está presente.

Libertando-se de Dependências Emocionais

Quando rompemos os grilhões das dependências emocionais, ocorre uma verdadeira transformação. A consequência dessa transformação é chamada de **alegria**. Esse estado elevado surge quando liberamos energia retida no corpo. O corpo é libertado do passado e ancorado no presente. Assim, sentimos outro tipo de emoções: alegria, bondade e gratidão.

Quando permitimos que nossos sentimentos fluam e nos conectamos plenamente com o momento presente, tudo se torna possível. O mundo ao nosso redor torna-se moldável, flexível e incrível.

Algumas Mensagens Importantes:

Tudo é **energia**. Tudo é **consciência**.

Sentimentos são a energia que o impulsiona, a força vital que permite que você seja quem realmente é. Transforme aquilo que você não quer naquilo que deseja.

Podemos observar os dramas e traumas da vida, mas sem nos enredarmos neles. Apenas observar.

Precisamos abandonar nossas crenças limitantes e mergulhar em nossa verdadeira força, centrada no coração.

Devemos superar o medo e entrar em um estado de coragem, onde nossas ações são guiadas pelo amor. O amor – profundo e incondicional – é a força mais poderosa contra o medo.

O Guerreiro Iluminado

O amor é meu escudo, que transforma o medo em força.

O guerreiro iluminado não busca divisão, mas sim uma cura profunda, reconhecendo que a raiz do conflito muitas vezes está em nossas próprias sombras.

O caminho do guerreiro iluminado está centrado na transformação do medo em amor. O medo, visto como a ausência de amor, é dissolvido por meio do perdão e da gratidão. Perdoar aqueles que nos feriram e sentir gratidão pelas lições que nos ensinaram é o primeiro passo para empoderamento e cura. Esse processo nos permite perceber que os desafios da vida não acontecem **contra** nós, mas **para** nós – como oportunidades de crescimento e de aprofundamento de nossa humanidade.

Ao trilhar esse caminho, abandonamos a necessidade de estarmos certos às custas dos outros e cultivamos uma presença cheia de amor e compaixão. Por meio do perdão e da gratidão, transformamos emoções tóxicas em força pessoal e assumimos o papel de guerreiros iluminados, que criam beleza no mundo e reconhecem que até mesmo as experiências mais desafiadoras contribuem para o nosso crescimento.

"Domino meus medos com a coragem e a luz do guerreiro iluminado. O amor é minha maior arma, transformando o medo em oportunidades de crescimento."

O Resgate do Feminino Selvagem

Um dos traumas coletivos que enfrentamos é a abordagem excessivamente masculina, que muitas vezes marginaliza o feminino. Esse trauma deve ser reconhecido e curado.

Devemos enfrentar a histórica repressão do feminino. Tradições ocidentais, em particular, tentaram domesticar e suprimir a selvageria e liberdade inerentes ao espírito feminino. Essa repressão se manifesta tanto em estruturas sociais quanto em interações pessoais, restringindo e limitando o espírito feminino.

O conceito de "histeria" reflete medos e percepções equivocadas sobre o poder feminino. Isso levou a práticas que tentaram remover os aspectos indomados da feminilidade, criando uma versão controlada e restrita do feminino.

O Retorno da Mulher Selvagem

O ressurgimento da mulher selvagem é essencial, não apenas para papéis sociais, mas também para cada indivíduo. Trata-se de libertar o feminino interior e permitir que ele se expresse plenamente, sem as limitações impostas por convenções. É um convite para acolher a mudança e a incerteza, celebrando a inovação e o desconhecido.

"Eu libero o passado e me abro para a renovação."
"Deixo ir o que não me serve mais e crio espaço para novos começos."

Questionando Nossas Crenças

Hoje, somos chamados a questionar os sistemas de crenças que usamos para navegar pela vida, a fim de identificar quais deles nos servem e quais precisam ser abandonados.
Esse processo de auto-observação nos permite liberar energias negativas, promovendo crescimento e abrindo caminho para novos começos e potenciais. Essa energia sobe através dos chakras do corpo, simbolizando transformação e iluminação.

Afirmações para Libertação e Crescimento

Eu libero o que me prende e encontro força e liberdade em meu caminho ascendente.

Reconheço e transformo minhas sombras interiores em luz e amor.

Minhas feridas mais profundas merecem minha atenção urgente. Esse processo leva à cura profunda e, posteriormente, à felicidade.

Reconheço e curo vínculos tóxicos e traumáticos. Não me imponho mais dor.

Cada momento é uma oportunidade para reescrever minha história.

Estou centrado e em paz, independentemente das tempestades ao meu redor.

Observo os eventos da minha vida à distância, ganhando clareza e sabedoria.

Quando faço algo que melhora a vida de outra pessoa, também me sinto melhor.

Sou completo, e cada parte de mim é bem-vinda e amada.

Aceito todo o meu ser com compaixão e compreensão.

Sou um canal de cura – para mim mesmo, para os outros e para a Terra.

A sabedoria do passado ilumina meu caminho para o futuro.

A orientação e a percepção fluem para mim facilmente quando me conecto com meu coração.

Confio na minha jornada pela vida e vejo cada cruzamento como uma oportunidade de crescimento.

Estou cercado de amor e irradio esse amor para o mundo.
O amor-próprio é a base da minha força e da minha conexão com os outros.

Enfrento o mundo com alegria e leveza.

Cada uma das minhas ações contribui para a cura e o bem-estar do planeta.

Como guardião da Terra, estou conectado à teia da vida, nutrindo a Terra e sendo nutrido por ela.

A Importância da Quietude Interior
Ao praticar a quietude, aprendemos a influenciar nossa realidade em seu estágio mais maleável, antes que ela se solidifique em forma. Esse conceito reflete os ensinamentos de muitas sociedades indígenas americanas, que nos lembram que nossas ações e pensamentos têm impacto por até sete gerações.
Hoje, somos convidados a sonhar com os olhos abertos e imaginar as mudanças que queremos ver no mundo, implementando-as a partir de um lugar de profunda quietude

interior. É um convite para refletir atentamente sobre o impacto de nossos pensamentos e ações, escolhendo aqueles que promovam um mundo que desejamos para nós mesmos e para as gerações futuras.

"Nunca desista de um sonho só porque ele leva tempo para ser realizado. O tempo vai passar de qualquer maneira."
– Earl Nightingale

A Fonte de Saúde e Felicidade

A fonte de saúde e cura está dentro de nós. Experimentamos essa fonte – e, com ela, a felicidade – por meio da autorreflexão e do foco em nossa riqueza interior, em vez de valores externos. Essa nova mentalidade, combinada com um estilo de vida saudável, nos conduz à felicidade.

Ao integrar luz (a frequência mais elevada), amor e leveza em nossas vidas, criamos alegria, satisfação interior e saúde.

Como Trazer Serenidade, Alegria e Leveza às Pessoas

Nosso objetivo é ajudar as pessoas a alcançar serenidade, alegria e leveza. Como fazemos isso? Abandonando o ego, o materialismo e a busca por reconhecimento e sucesso externo. Devemos cultivar gratidão pelas experiências vividas, praticar o perdão, meditar e adotar um estilo de vida saudável. Devemos aprender a estar satisfeitos com pouco e, assim, encontrar felicidade. Dessa maneira, confiança e alegria surgirão naturalmente.

1. Desidentificar-se com o Ego

Pergunte-se: Quem sou eu? De onde venho? Muitas pessoas ainda estão presas em seus egos e não compreendem o propósito da alma – que não está relacionado a sucesso, reconhecimento e dinheiro. Precisamos compreender que:

O verdadeiro sucesso e reconhecimento não vêm de fatores externos (como bens materiais), mas devem ser encontrados dentro de nós.

Nossa verdadeira felicidade é interna e não depende de nosso patrimônio externo.

2. Transformar para o Novo

Vivemos em um mundo que nos chama a deixar o velho para trás. É hora de reavaliar, reimaginar e transformar. O novo está à nossa espera.

O "velho" inclui nossas ideias tradicionais sobre a vida: estudar, trabalhar, ganhar dinheiro, casar, criar filhos, enfrentar doenças, lidar com a perda do emprego, temer a queda financeira, sofrer de tristeza, solidão, depressão, perder o status social e, finalmente, enfrentar a velhice e a morte.

3. Permitir a Entrada de Energia Positiva

Todos os dias, deixe fluir energia positiva para dentro de você.

4. Dissolver Bloqueios e Mudar Crenças

Identifique e dissolva os bloqueios em você, sejam eles criados por você mesmo, pela sua família ou pela sociedade. Trabalhe para mudar suas crenças limitantes.

5. Redefinir o Capital Humano

O verdadeiro capital das pessoas não é o dinheiro. O capital real é formado por potenciais, talentos, coragem, criatividade, alegria, saúde e valores como moralidade, honestidade, transparência e confiança. Com esse tipo de capital, sempre será possível construir algo novo.

6. Crescer com os Desafios

Quando enfrentamos dificuldades, devemos encará-las com calma e compreensão. Em vez de nos colocarmos como vítimas, precisamos entender que nossa alma deseja vivenciar esses desafios para crescer. Aceite as dificuldades com leveza, e não com peso.

7. Identificar Obstáculos para a Felicidade

Há vários obstáculos que nos impedem de ser felizes, incluindo:

- o Feridas e traumas da infância
- o Condicionamentos impostos por pais e pela sociedade
- o Pressões psicológicas internas ou externas
- o Falta de aceitação de erros próprios ou alheios
- o Estresse relacionado a ganhar dinheiro, ou até mesmo enxergar o dinheiro como um fardo
- o Dúvidas sobre si mesmo e suas habilidades
- o Falta de modelos positivos entre pais, líderes políticos e empresariais
- o Medo do fracasso

Como Encontrar Satisfação e Leveza na Vida

Adotar uma nova perspectiva sobre a vida, o trabalho, o dinheiro e o consumo pode nos ajudar a alcançar satisfação e leveza. Alguns passos incluem:

- Sair mentalmente do sistema, deixando de se sentir aprisionado por ele
- Não ter medo de falhar diante da sociedade, pais, amigos ou parceiros
- Não levar a si mesmo tão a sério
- Reduzir o perfeccionismo e o estresse, diminuindo o ego e a busca por "mais"
- Desfocar dos valores materiais
- Evitar comparações, inveja ou ciúmes
- Parar de buscar validação financeira de outras pessoas (pais, parceiros ou amigos)
- Curar questões familiares, reconhecendo que muitos problemas, sejam relacionados a dinheiro, emoções ou feridas psicológicas, têm origem na infância
- Abraçar mais o coração, a intuição e os sentimentos
- Fazer as pazes com agressores ou inimigos
- Abrir o coração e a alma, permitindo maior leveza, intuição, inspiração e criatividade

8. Como Ganhar Dinheiro?

Muitas vezes, as pessoas percebem o dinheiro como algo "pesado" e "frio." Não parece algo caloroso. No entanto, se rirmos e nos alegrarmos, o dinheiro também "se alegra."

Assim, ele vem até nós com leveza e felicidade. Isso acontece porque estamos dando valor e reconhecimento ao dinheiro.

Quando estamos satisfeitos interiormente, não sentimos a necessidade de acumular bens materiais externamente. Nesse estado, podemos usar o dinheiro para propósitos mais elevados, como ajudar outras pessoas, trazer alegria ou promover a independência delas.

9. Encontrando a Alegria e a Leveza Interna

Devemos buscar alegria, leveza e descontração dentro de nós mesmos, e não no mundo exterior.

Algumas práticas importantes incluem:

- o Fazer as pazes com outras pessoas.
- o Perdoar aqueles que nos feriram e reconciliar-nos com eles.
- o Sentir gratidão por nossa vida, família e filhos.
- o Expressar gratidão aos entes queridos, dizendo-lhes o quanto somos gratos.
- o Sorrir para as pessoas – um sorriso tende a ser retribuído.
- o Espalhar alegria e estar disposto a ajudar.
- o Trabalhar nas batalhas internas.
- o Reservar tempo para si mesmo e para os outros.
- o Cercar-se de pessoas felizes em vez de pessimistas e críticos.

"Lembre-se de que a felicidade não é um destino, mas uma jornada, e que é normal experimentar altos e baixos ao longo do caminho. Seja paciente consigo mesmo e continue buscando criar uma vida que lhe traga alegria e realização."

6. Capítulo: Meu Caminho para a Felicidade

A felicidade tem uma percepção diferente para cada pessoa. E ela vai profundamente na psique humana. Ela tem algo a ver com a infância. Meu lar familiar era feliz – meus pais, avós, meus irmãos e eu? Ou a competição, a luta pela sobrevivência, problemas financeiros ou outros temas eram frequentes na minha infância? Por que eu era ou não era feliz naquela época?

Sobre mim: Eu não era feliz como criança e adolescente. Como o primogênito de pais que, na Alemanha do pós-guerra, buscavam prosperidade e dedicavam seu tempo ao trabalho e ao ganho de dinheiro, investindo muito pouco nos filhos, cresci nos anos 50 e 60. Eu era totalmente introvertido, triste, não conseguia acompanhar na escola e, por isso, frequentemente a evitava. Ao todo, frequentei cinco escolas e terminei minha vida escolar sem diploma. Foi somente meu treinamento como bancário e meu caminho para longe da família – indo para o exterior trabalhar em um banco – que gradualmente me colocaram no meu caminho.

Minha carreira como bancário foi fantástica. Eu estava alegre. Eu ria. Eu era bem-sucedido. Sentia-me o mestre do universo. Mas, ao mesmo tempo, era um pouco arrogante, não conectado ao meu coração e muito distante do que minha alma realmente queria. E então surgiram os obstáculos – os desafios. Fui despertado. Estava imerso no meu ego. Eu estava no materialismo – como tantas pessoas.

Meu objetivo era ganhar muito dinheiro. Esse era e ainda é o objetivo de muitas pessoas. Mas isso não deveria ser meu objetivo, como aprendi mais tarde. Tive que enfrentar uma falência. Tive que deixar minha querida cidade de Miami. Antes disso, precisei vender nossa grande casa. Tive que "recomeçar pequeno" em Hamburgo – sem luxo, sem pessoas ricas e "amigos" ao meu redor. Sem mais coquetéis em um nível social elevado – simplesmente viver como muitas outras pessoas, aquelas para quem eu costumava olhar de cima.

Então, passei os próximos sete anos enfrentando tempos difíceis. Em Hamburgo, consegui facilmente um emprego na UBS, mas fui "gentilmente" dispensado após três meses, quando perceberam que eu havia acabado de completar 50 anos e, de acordo com as leis alemãs, seria difícil demitir alguém dessa idade. Assim, eles me despediram durante o período de experiência.

Depois desse golpe pessoal, administrei meu pequeno patrimônio e o transformei em algo grande – muito grande. Mas meu "deus da sorte" tinha outros planos para mim. Durante três anos, experimentei o mesmo ciclo: meu investimento triplicava no início; eu o mantinha nesse nível por um bom tempo e, então, tudo desmoronava. Pegava outro montante e investia novamente. Mais uma vez, triplicava. Eu segurava por muito tempo até perder tudo de novo. Pela terceira vez – com meu último dinheiro – investi, e ele triplicou novamente. Dessa vez, mantive meu investimento em ouro e prata por pouco tempo, até que, devido a chamadas de margem, ele desapareceu completamente.

Foi uma experiência incrível que tive nesses três anos. Durante esse período, meu irmão, um médico renomado, tirou a própria vida. Eu não pretendia seguir o mesmo caminho. Por causa dele, fui levado à medicina alternativa e, depois, à espiritualidade. Passei muitos anos me dedicando a esse tema e cresci interiormente.

Em 2015, fui apresentado a um médium trans. Ele me disse que eu faria as pessoas felizes. "Você é um criador de felicidade", disse ele. Fiquei surpreso. Quando criança e adolescente, eu era totalmente introvertido, triste, calado. No exterior, tornei-me feliz, mas, com o tempo, também arrogante e materialista. Depois, enfrentei um revés na forma de falência e, mais tarde, perda patrimonial. Passei anos buscando "meu" caminho – aquilo que minha alma desejava.

E então, o médium me revelou que eu era uma pessoa feliz e que faria outras pessoas felizes porque elas não eram. "Não pense que é normal para todos serem felizes e alegres. Não, isso não é algo garantido. É um presente. E você recebeu esse presente. Por isso, é normal para você. E porque as pessoas não têm esse presente, elas querem estar perto de você. Elas se sentem bem em sua presença e riem com você." Essa foi uma experiência que, de fato, já vivi muitas vezes.

Ele continuou: "Você está passando por uma grande transformação, como a de uma lagarta que se torna borboleta, um processo imenso. Você também enfrentará esse processo transformador – de agressão, raiva, rancor, frustração, que carregou ao longo da vida – para alegria, felicidade e transformação, tornando-se um diamante.

Gradualmente, você se libertará das influências que geraram raiva, irritação, dúvidas sobre si mesmo, resistência, mágoas, tristeza e sofrimento. Trata-se de cortar todos os laços com suas experiências anteriores para se tornar livre. Não haverá mais apegos que o levem à frustração, impaciência ou ao acúmulo de bens. Você se libertará dessas conexões e dessas energias.

Você será capaz de se desprender completamente dessas influências emocionais. Isso lhe proporcionará um estado de consciência elevado e uma visão mais ampla, através da qual poderá perceber o mundo e sua posição nele. Talvez a parte mais importante dessa transformação seja como você se vê no mundo.

Trata-se de uma dimensão completamente nova. É quase como uma jornada da alma – você está migrando (ou transformando-se) de formas emocionais para uma liberdade e um mergulho profundo em si mesmo. Por meio dessa transformação, você se sentirá muito melhor com o que faz e como faz. Sua forma séria, ambiciosa e perfeccionista será deixada de lado. Você se tornará alegre, divertido, infantil.

E você oferecerá às pessoas os frutos da vida – a alegria incondicional de viver. Pois qual é a essência da vida? A essência é alegrar-se – deliciar-se com a vida – com o privilégio de estar vivo e estar aqui na Terra. Nosso direito de nascimento é levar uma vida profundamente significativa e cheia de propósito, com alegria.

Você trará alegria e riso às pessoas, fazendo-as refletir e reavaliar suas perspectivas e crenças sobre a vida. Trata-se de celebrar a vida, aceitá-la com alegria e abraçá-la.

A vida é grandiosa. E quanto mais abraçamos a vida verdadeira, mais felizes nos tornamos. Quanto mais mergulhamos na vida, mais divertida ela se torna. E mais interessante também. Ficamos mais humildes e modestos. Pois a vida é muito mais profunda do que muitas pessoas percebem. Precisamos apenas ser nós mesmos, não aquilo que devemos ser, ou o que queremos ou gostaríamos de ser – simplesmente ser nós mesmos. "Eu sou engraçado; eu sou bobo; adoro brincar; adoro me divertir, adoro jogar; adoro fazer amor.

Tudo o que outras pessoas me disseram que eu deveria fazer, ou o que meu ego dizia que eu deveria fazer para alcançar algo, já não importa mais para mim. Eu só quero ser feliz. Não julgo mais. É como é. Deixe ser assim. It is like it is. Let it be. É uma honra para mim compartilhar com vocês coisas que me trazem alegria."

E então, isso traz alegria a eles. Você simplesmente espalha alegria e risos! E eles compartilham isso com outros.

A vida é rir. É diversão. Você faz piadas. Não é nada sério. Ao mesmo tempo, é muito mais sério do que qualquer um pode imaginar. É alegria. E as pessoas querem essa alegria em um mundo onde há tanta necessidade, miséria e sofrimento, que para muitos se torna insuportável. Você traz o que o "médico prescreveu": **leveza, alegria e felicidade**.

Você enriquece as pessoas. Todos riem. Quando voltam para casa, sentem-se livres e cheios de esperança. Sentem-se resgatados – da tristeza, das depressões e das preocupações. Porque você transmite a eles sabedoria de uma forma que fala diretamente ao coração infantil.

E, assim, você também remove o julgamento e a separação da consciência. Pois todos nós carregamos o paradigma da separação: "Esta parte de mim é boa, a outra não é." Isso é julgamento. E isso é separação.

Você mostra às pessoas os dois lados: a capacidade de rir. E então, por meio de sua alegria e risos, elimina qualquer noção de julgamento.

As pessoas percebem sua alegria como uma experiência maravilhosa, mágica, nutritiva, sustentável e fortalecedora, como nunca antes sentiram. Você lhes dá a essência e a sensação de serem renascidos como filhos de Deus.

E você oferece "conversas" de uma maneira leve, lúdica, quase cômica, que cativa a atenção das pessoas. Quando vão embora, elas sorriem. E elas riem. Voltam para casa e começam a refletir sobre suas palavras lúdicas. Pois estas não são apenas engraçadas e espirituosas. São sabedorias profundas – apresentadas de forma leve e infantil.

Uau – eu estava realmente impressionado. Que mensagem bonita, esclarecedora e motivadora. "A única coisa que não mudará: você é um curador. Mas a maneira como cura mudará. É uma cura por meio do riso, da alegria e do ato de trazer felicidade e luz do sol."

E isso eu tive que ou deveria aprender – dar vazão às minhas emoções: entusiasmo, alegria, confiança, amor, gratidão. E deixar de lado toda minha raiva, rancor e frustração. Minha alma parecia querer que eu eliminasse essas emoções negativas nesta vida, libertando-me delas.

Mas isso não aconteceu da noite para o dia. Demorei alguns anos. Entre 2016 e 2021, vivi em emoções positivas, mas minha família frequentemente acionava gatilhos que me traziam de volta à raiva, ao rancor e à frustração.

Somente quando cortei os laços e me distanciei fisicamente da família, mudando-me para a Suíça, senti-me verdadeiramente livre. Lá, pude praticar e viver minha liberdade – minha leveza e minha alegria.

Não é surpreendente que, em 2015, eu tenha recebido uma mensagem de alguém e, oito anos depois, eu esteja fisicamente no país que essa pessoa previu? Pois, com todas as mensagens, ela disse: "Você irá para a Suíça e encontrará, especialmente no sul da Suíça e no norte da Itália, pessoas que apreciarão muito os seus dons e apoiarão sua missão."

E, segundo: não é surpreendente que eu tenha enfrentado um processo difícil de transformação de lagarta para borboleta entre 2016 e 2021, revivendo toda a minha raiva e rancor, especialmente contra minha família, para finalmente me libertar dessas emoções negativas?

As últimas emoções negativas emergiram durante minha visita a Hamburgo em junho de 2024. Registrei minha raiva, rancor e frustração em forma de notas detalhadas e as enviei à minha família. Qual era a questão? Eu nunca fui ouvido. Nunca fui aceito, entre outras coisas, por causa do meu estilo de vida, que não se encaixava nas "caixinhas" de um adulto, segundo minha família. Na visão deles, você vai ao trabalho, ganha dinheiro, tem uma casa, um carro e, talvez, uma família; faz férias de vez em quando, etc.

Eu já havia vivido esse tipo de vida. Agora, meu estilo de vida era diferente: menos bagagem, mas cheio de alegria, risos, quase infantil, lúdico, vendo o mundo com novos olhos – diferente da mentalidade estreita dos adultos presos em suas "caixinhas".

Eu me tornara um artista da vida, com uma alegria de viver incrível dentro de mim.

Minhas ideias e opiniões não tinham valor para minha família. Apenas as ideias, constatações e julgamentos deles contavam. E, com isso, vinham o ego e a autossatisfação deles.

No entanto, há muito tempo deixei de me decepcionar e os perdoei. A alma deles queria essa experiência. E a minha alma também. A tarefa de aprendizado deles se revelará em algum momento, possivelmente através de golpes do destino. Muitas pessoas só mudam após enfrentarem adversidades. E então, pode ser que a alegria, a leveza e os risos entrem em suas vidas. Além disso, perceberemos que uma felicidade profunda se instala dentro de nós quando estamos conectados ao divino.

E, terceiro: não é surpreendente que hoje eu esteja escrevendo um livro sobre felicidade, um tema – uma emoção – que carrego dentro de mim?

"É exatamente onde você não queria ir
que a transformação acontece."

No início de 2024, recebi uma mensagem semelhante sobre minha conexão com a felicidade. Não é surpreendente que duas pessoas diferentes, em continentes distintos e em momentos amplamente separados no tempo, tenham transmitido a mesma mensagem? A mensagem, em janeiro de 2024, foi:

"Você faz as pessoas felizes trazendo alegria a elas. Você as conscientiza de que sua ligação com o ego e com os bens materiais não lhes proporciona verdadeira felicidade ou bem-aventurança.

Você compartilha sua história: que, em determinado momento, tinha muito em termos materiais e perdeu tudo. Quando você tinha muito, estava feliz. Mas será que isso era a verdadeira felicidade? Porque, quando você não tinha mais nada, sentiu-se realmente feliz – de dentro para fora (e não de fora para dentro). Você conduz as pessoas a uma meditação para que elas reflitam sobre isso – sobre si mesmas e suas vidas.

Algumas compreenderão – não todas, mas algumas. Pois os níveis de estresse aos quais as pessoas estão submetidas (preocupações e medos, além de hiperatividade: sempre verificando o celular, cuidando dos filhos, lidando com afazeres domésticos, trabalhando, preocupando-se com a aparência, aceitando convites, planejando férias, etc.) são extremamente altos. Acrescente-se a isso as preocupações com o emprego, a família, o sustento financeiro e os investimentos, entre outros. Esse nível de estresse desgasta o corpo e desencadeia processos destrutivos.

Trata-se, portanto, de um desapego: o desapego do ego e das aparências materiais. Trata-se de uma mudança de perspectiva. **As pessoas vinculam sua felicidade às posses materiais.**

Recebi do médium uma metáfora: sou o último sobrevivente de um campo de concentração. Assim como alguns outros prisioneiros, eu sempre soube e senti que existe uma fonte interior de onde posso obter amor, alegria de viver e força, que me tornaram forte para sobreviver.

Assim como os prisioneiros, quando perdi minha riqueza material, não me restou nada além do acesso a uma fonte que me dava esperança e confiança, e que ainda me dá todos os dias, trazendo alegria. Essa alegria é o que desejo compartilhar com outras pessoas.

Na verdade, não faço nada concreto – no sentido das "abelhas operárias" da sociedade. Apenas chamo a atenção das pessoas para a vida delas e compartilho minha própria história, que era como a delas – de sucesso, materialista; e como ela se transformou depois. Só direciono a atenção para que as pessoas se reconheçam – para que descubram sua própria alegria. Não preciso transformá-las. A transformação acontece por si só. Algo começa a fluir. É abundância. É riqueza. Eu torno os cegos capazes de ver.

Hoje, somos convidados a descobrir o que nos traz alegria. A felicidade tem a ver com o desapego ao que é material. "Você deve se perguntar: A quais coisas (objetos/posses) – tudo o que está no âmbito do 'ter' – você associa seu sentimento de bem-estar e conforto? Você se sentiria melhor e mais feliz se tivesse mais – mais dinheiro, mais reconhecimento, mais posses?

Pense sobre isso. E respire profundamente. Sinta seu interior. Como é maravilhosa a luz interior – a essência do seu ser. Essa é a fonte."

Hoje, trata-se de sentir que há algo profundo dentro de mim. Existe uma vida em mim que é feliz por si só. Trata-se de fazer os cegos verem e de ativar a força do coração. Pois a alegria tem sua morada no coração. Ela não pode ser sentida em outro lugar. E o coração está sempre muito próximo da fonte – **da fonte da vida.**

Quando faço um comentário engraçado, isso passa pela mente. Mas é o coração que ri. O que realmente ri é o coração. E isso tem um poder curativo – uma energia tranquilizadora. O corpo entra em estado de calma. E quando o corpo está em calma, tudo se regula por si só. O interessante é que as células inflamadas do corpo se transformam em neutralidade e nem sequer se manifestam como doenças.

A alegria tem o maior poder transformador, capaz de curar tudo. Sentir alegria cura tudo. Quando você está na luz da alegria, automaticamente ajuda as pessoas a se alinharem com a alegria. E, a partir da alegria, o mundo se transforma. E novos sistemas emergem disso.

Através de cada indivíduo que segue a alegria, algo muda no sistema como um todo. Não é necessário mover alavancas para mudar ou impulsionar algo. Não, tudo se reorganiza – a partir de uma nova consciência. TUDO se reorganiza: não sou eu, nem você, nem ele, ela, ou qualquer outro que precisa fazer. TUDO se organiza.

Na energia da alegria, tudo converge – tudo o que é necessário para florescer, para estar plenamente presente em sua própria natureza e para fazer o bem pelo todo. Nessa energia, tudo culmina.

É como se existisse uma super-pílula para todas as doenças.

> *"Vive-se a vida para frente e compreende-se para trás."*
> – Søren Kierkegaard

Como encontrei a felicidade interior?

Através de uma mudança de perspectiva sobre minhas visões e crenças sobre a vida. Somos apenas convidados aqui na Terra. Portanto, devemos praticar a serenidade e não enxergar as coisas de forma tão rígida. Devemos questionar nossa separação – homem e mulher, negro e branco, judeu, cristão ou muçulmano – e nossos julgamentos.

Devemos questionar nosso vício em consumo. Devemos questionar nossa mentalidade materialista. Devemos redescobrir a simplicidade – estar satisfeitos com pouco. Devemos transcender e dissolver nosso pequeno ou grande "eu", ou seja, abandonar nosso ego.

Como encontrei a felicidade interior?

Através do desapego ao ego, aos bens materiais e à busca por reconhecimento e sucesso exterior; através da gratidão pelas experiências vividas; através do perdão; da meditação; de um estilo de vida saudável, entre outras coisas. Assim, encontrei minha paz interior.

Eu já era feliz antes? Sim, por causa dos meus sucessos e da minha riqueza exterior. Fiquei mais feliz depois? Sim! Porque encontrei a conexão com a fonte – com a força, o amor e a alegria de viver.

Eu vivo a alegria, o riso e o humor. Sou um palhaço – uma criança de Deus. E, com isso, faço as pessoas rirem, trago leveza e espalho luz do sol.

Sinto-me como uma criança. No final de um retiro na Índia, recebi um insight – uma imagem interna: vi-me como uma criança de 7 anos: rindo, brincando, despreocupado, cheio de alegria, curioso, corajoso, criativo, fazendo palhaçadas e deixando as pessoas felizes – tirando-as da monotonia do dia a dia; divertindo-se e sendo alegre – sem medo e sem preocupações.

Mas também posso ser sério. Pois, por um lado, tenho 70 anos de experiência de vida. Por outro lado, retorno à infância. Incorporo ambos os lados: o experiente e o infantil. Que presente incrível!

A vida é uma grande riqueza. Somos tão abençoados por estarmos aqui na Terra. A vida é tão simples. Precisamos apenas aprender o "jogo da vida" – ser felizes, alegres, dançar e trazer alegria ao mundo. E unir essa alegria com o espírito. Pois não se trata apenas de uma alegria superficial, mas de uma "Alegria" além de tudo.

7. Capítulo: Dinheiro Feliz

Vida e dinheiro estão interligados: sem dinheiro, não há vida. E sem vida, não há dinheiro. Mas a nossa vida é feliz? E o nosso dinheiro é feliz?

O dinheiro tem um peso enorme em nosso mundo atual. Nosso desconforto está indiretamente ligado a ele. Porque focamos no exterior – no material – e esquecemos nosso interior, ou o colocamos em segundo plano. E assim, não pode surgir uma verdadeira felicidade.

Primeiramente, a pergunta: O que é dinheiro, afinal? ChatGPT responde: "Dinheiro é um meio universal de troca usado para medir, armazenar e trocar o valor de bens e serviços. Ele cumpre várias funções centrais na economia:

1. **Meio de troca**: O dinheiro facilita o comércio ao representar um valor geral, eliminando a necessidade de troca direta de bens ou serviços.
2. **Reserva de valor**: Serve para armazenar poder de compra ao longo do tempo, permitindo que seja poupado e gasto futuramente.
3. **Unidade de conta**: Permite a avaliação e precificação de bens e serviços, criando uma base comum para comparação de valores.
4. **Meio de pagamento**: É utilizado para quitar dívidas ou cumprir obrigações financeiras.

O dinheiro pode existir em diferentes formas: fisicamente, como moedas e notas, ou digitalmente, como saldos em contas bancárias. A aceitação do dinheiro baseia-se na confiança das pessoas em seu valor e em sua capacidade de servir como meio de troca e reserva de valor."

Agora, a questão é: ainda podemos confiar em nosso sistema financeiro? Mas, mais importante: podemos, com a consciência que temos hoje sobre dinheiro, ser realmente felizes? Isso nos traz alegria, serenidade e leveza? Ou será que a consciência atual sobre dinheiro pertence ao passado? Algo precisa mudar em nossa consciência para que possamos ser felizes com o dinheiro? Essas são questões psicológicas ou filosóficas. Os ricos diriam: "Estamos felizes." Os pobres diriam: "Não estamos."

Há 10% de ricos e 90% de não-ricos. Mas isso não significa que 90% não sejam felizes. Muitos deles são – internamente. E muitos dos ricos não são. Nem todos os ricos são felizes – externamente parecem ser, mas internamente não. E seus descendentes, especialmente, não são. Eles buscam seu propósito – seu verdadeiro "eu".

Portanto, o que me interessa é o interior, não o exterior. Muitas pessoas buscam a felicidade e a bem-aventurança no exterior, como no dinheiro, nas posses e na acumulação. Mas a felicidade não está no exterior, e sim dentro de nós.

Passei 40 anos na indústria financeira, inicialmente no setor de crédito na Venezuela e, depois, 25 anos como banqueiro privado para pessoas muito ricas na América Latina, nos EUA e na Alemanha. No setor de crédito, concedi grandes empréstimos a empresas e órgãos governamentais. Vi como eles lidavam com o dinheiro. Na época, a Venezuela era um dos países mais ricos devido ao petróleo. Eles nem precisavam de empréstimos. Mas usaram esse dinheiro para construir diversas indústrias, que mais tarde colapsaram. E, com isso, o dinheiro também desapareceu.

Como banqueiro privado, fui responsável pela captação de novos clientes e pela gestão de seus fundos. Experimentei de perto como essas pessoas lidavam com o dinheiro. Eram todos empresários. Quase todos começaram do zero e hoje possuem fortunas de dezenas ou centenas de milhões. Eu me perguntava como conseguiram acumular esse patrimônio. Provavelmente, moral e ética não desempenharam um papel significativo, assim como ocorre hoje no mundo dos negócios.

Por causa da busca pelo lucro e da pressão da concorrência, produtos são vendidos ao consumidor – por meio de um marketing habilidoso, às vezes agressivo – que "brilham" por fora, mas são podres por dentro. O cliente sente-se mais feliz com este produto em comparação com outro. Mas, no fundo, ele está apenas iludido por um marketing excepcional, ou seja, promessas publicitárias do produtor ou prestador de serviços. As redes sociais atuais, como Apple, Google, Facebook, Instagram, WhatsApp, Telegram, TikTok, e a plataforma X, contribuem para isso. Aliás, as redes sociais têm impacto negativo na satisfação e na felicidade.

De qualquer forma, para meus clientes privados de alta renda, eu era o médico, terapeuta e psicólogo. Pois, em nossas conversas pessoais, o foco estava em suas emoções, seus sentimentos em relação aos negócios e à família. Embora a questão de onde investir o dinheiro fosse marginalmente abordada, o tema do dinheiro sempre pairava como pano de fundo.

Muitos refletiam sobre quem, na família, poderia herdar sua fortuna ou assumir a liderança de suas empresas. Ou pensavam em como proteger sua riqueza: "Como não perder o que tenho?" Aqui, o medo desempenha um papel significativo. Medo e, por outro lado, ganância são os dois principais motores no mundo financeiro.

Conheci e atendi pessoas com muito dinheiro e percebi suas visões sobre riqueza. Para muitos, tratava-se de: "Como faço para ganhar mais dinheiro? Como consigo acumular ainda mais?" (mesmo já tendo 50 milhões ou mais).

Outros consideravam 50 milhões suficientes. Eles faziam algo bom com seu dinheiro, como investir em educação ou no desenvolvimento de jovens. Ou seja, utilizavam o dinheiro de forma sábia e social.

Outros ainda lidavam com dinheiro de forma leviana – ganhando e perdendo. Eles dependiam de um bom instinto ou da sorte.

Por outro lado, conheci, na América Latina, pessoas que não tinham nada, mas que sorriam com o coração. Também na Europa, vi pessoas com baixa renda que, apesar de algumas preocupações, tinham um conhecimento interior de que sempre seriam providos.

Portanto, depende da atitude interior, se sou feliz ou não – seja com muito dinheiro ou com pouco.

Mas muitas pessoas não vivem em seu interior, e sim no exterior. Elas se preocupam com o dinheiro. Não conseguem dormir, são workaholics, ou recorrem ao álcool, jogos, entre outros vícios (isso também é comum entre pessoas ricas). Elas perderam o chão sob seus pés. Muitas clínicas na Suíça estão repletas de pacientes com esses sintomas. As causas podem ser traumas – na infância ou mais tarde – ou crenças limitantes. E, frequentemente, o dinheiro desempenha um papel crucial. Aprendi isso com minha própria família de origem. Mas, nas clínicas, esse tema ainda não é amplamente abordado.

O dogma do dinheiro, seja entre ricos ou pobres, está geralmente associado a preocupações, medos de perda e ganância. Como consequência, o dinheiro é acumulado. Isso cria um bloqueio. O fluxo quer fluir. A água precisa fluir. E o dinheiro também deveria fluir. Mas ele não flui mais. Por quê? Porque não temos lidado bem com o dinheiro.

Além disso, a visão familiar sobre o dinheiro geralmente é negativa. Como mencionado anteriormente, os antecedentes familiares em relação ao dinheiro são um fator muito importante. Durante a infância, ouvimos muitas coisas sobre dinheiro de nossos pais e avós. Essas afirmações, opiniões e crenças sobre dinheiro ficam plantadas em nós. Talvez as tenhamos absorvido ainda na concepção ou durante a gestação.

A história também mostra que, muitas vezes, o dinheiro foi adquirido de forma antiética e moralmente condenável. Muitas famílias acumularam riqueza dessa maneira em algum momento de sua história. Há inúmeras evidências disso. Não apenas o Instituto Max Planck sabe disso, mas também historiadores. Eu mesmo pude observar isso em minha própria família.

E, quando o dinheiro é adquirido de forma antiética, isso tem efeitos subconscientes na psique, nas relações e nas finanças da família por gerações.

O que precisa acontecer para que todos possam ser felizes com seu dinheiro? Precisamos mudar nossa consciência. O dinheiro é um meio de troca, como sabemos. E devemos agora lidar com ele de forma diferente: com amor, com alegria, com generosidade. Devemos dá-lo a outras pessoas – ao caixa do supermercado, ao frentista, ao garçom – com amor e com o coração, desejando-lhes o melhor. Devemos honrar o dinheiro, amá-lo, reconhecê-lo. O dinheiro, assim, torna-se "quente". Até agora, ele tem sido "frio e sem emoção". Precisamos transformar essa energia – colocar nossos sentimentos nele. Porque o dinheiro é energia.

Para muitas pessoas, isso é novo. Pois, para elas, o dinheiro é algo escuro, pesado, talvez até negro. O dinheiro, em si, é neutro. Mas as pessoas o percebem de diferentes formas. Somos nós, seres humanos, que tornamos a energia do dinheiro negativa ou a enxergamos dessa forma. Mas também somos nós que temos o poder de transformar isso. Porque temos o poder sobre o dinheiro. Podemos lidar com ele de forma positiva ou negativa.

Podemos decidir, a partir de agora, em qual direção queremos ir com o dinheiro. Podemos adotar uma nova perspectiva sobre a energia do dinheiro. Podemos amá-lo, honrá-lo, reconhecê-lo e usá-lo de maneira adequada.
Se lidarmos bem com o dinheiro e o usarmos de maneira adequada, isso resultará em alegria e saúde (e não em medos, preocupações, culpa ou depressões). Este é o conhecido princípio de causa e efeito.

Devemos agora aplicar nossa energia de forma positiva, se quisermos ser felizes e se quisermos que o dinheiro flua até nós. Porque até agora não lidamos bem com o dinheiro. Esse é o motivo pelo qual ele deixou de fluir. Muitas pessoas e muitas empresas (VW, Mercedes e outras) já estão percebendo isso. O dinheiro não flui mais como antes. E, em breve, isso será percebido também por alguns governos ou países (EUA, França, Itália).

Para alcançar a felicidade, precisamos de uma nova – uma abordagem positiva com relação ao dinheiro. Só então alcançaremos alegria e felicidade. E, assim, criaremos DINHEIRO FELIZ. Precisamos carregar a energia do dinheiro com positividade. Precisamos tornar o dinheiro FELIZ.

Dinheiro Feliz não é uma nova moeda, mas sim uma nova consciência – uma nova percepção sobre o dinheiro. Devemos, portanto, mudar a consciência das pessoas. Nossa consciência atual não tem um nível elevado. Está vinculada à era correspondente, ou seja, está alinhada com as circunstâncias históricas. No início, tratava-se de sobrevivência. O dinheiro era usado para salvar vidas. Ainda hoje vemos isso em pessoas da África ou de zonas de crise como Síria, Afeganistão, etc., que pagam traficantes para salvar suas vidas e chegar a um país seguro.

Durante a guerra, nós, alemães, usávamos o dinheiro para comprar algo para comer, novamente para sobreviver. Hoje, usamos o dinheiro para multiplicá-lo. E muitos buscam sempre mais e mais. Enquanto essa busca não servir ao ego – para preencher um vazio interior ou para obter status –, mas sim ao bem comum, isso é aceitável.
No entanto, pessoas em países em desenvolvimento ainda lutam para sobreviver. Para elas, o dinheiro não chega com facilidade. Ele é sentido como algo pesado.

Hoje vivemos em uma nova era. A percepção da vida e do dinheiro está mudando. Muitas pessoas não estão mais satisfeitas com a visão que têm atualmente. Sentem-se estagnadas, esgotadas, exaustas, desmotivadas e desanimadas. Buscam algo novo – algo que lhes dê estabilidade, confiança e alegria. Buscam um "chão dourado" ou uma árvore salvadora no oceano.

Nossa tarefa é fazer o dinheiro fluir, olhar para o dinheiro com alegria, enxergá-lo como algo dourado – como "ouro" – e transformar o que antes era percebido como pesado e escuro em um fluxo de Dinheiro Feliz.

Devemos oferecer às pessoas, hoje, uma nova – uma visão ampliada do dinheiro – tanto às pessoas em países em desenvolvimento, cujo fluxo de dinheiro é escasso, quanto às pessoas em países desenvolvidos, cujo fluxo de dinheiro é mais constante, mas ainda insuficiente. E também para aqueles cujas receitas são prósperas.

Devemos deixar o passado para trás e apagá-lo de nossas memórias. Chegamos a um nível de consciência mais elevado. E, com isso, a uma nova visão e atitude em relação ao dinheiro.

Algumas pessoas não embarcarão imediatamente no trem do dinheiro feliz. Elas ainda precisarão – do ponto de vista de suas almas – percorrer o caminho do fluxo limitado de dinheiro. Mas elas não passarão por grandes dificuldades. Não precisarão lutar pela sobrevivência. Para elas, será uma lição – aprender a viver com pouco. Isso também se aplica a pessoas que anteriormente tinham muito e viviam no excesso. Elas também aprenderão a ser felizes com menos. Pois, como sempre soubemos: o dinheiro não traz felicidade.

Mas queremos ser felizes. Como não lidamos bem com o dinheiro e focamos mais no material do que no nosso interior, não somos felizes. Para sermos felizes, precisamos tratar o dinheiro de forma diferente e vê-lo de outra maneira. O dinheiro quer ser feliz. Ao mudarmos nossa abordagem e percepção, ele se tornará feliz. E então, ele virá até nós.

Se focarmos mais nos valores interiores, em vez de nos valores materiais, o Dinheiro Feliz emergirá. E, assim, seremos felizes. Estaremos mais interessados em satisfação, alegria e felicidade do que em retornos financeiros.
O dinheiro, de qualquer forma, já não circula da mesma maneira, ou seja, os retornos financeiros e a busca por lucros estão chegando ao fim. Vemos isso nos preços decrescentes dos ativos. A inflação, a redução da confiança, o alto endividamento e outros fatores levam à diminuição dos retornos ou até mesmo a perdas.

Agora, o dinheiro "duro" se torna "suave" – emocional e, portanto, feliz. E nós ficamos felizes. Porque hoje não estamos felizes, pois perseguimos o retorno financeiro material e nos orientamos por bens de luxo e símbolos de status.

Essa nova transformação do dinheiro traz o seguinte benefício: o valor social das pessoas será elevado e não mais determinado por suas posses materiais, mas pelo que elas criam de **alegria emocional** para si mesmas e para os outros. Trata-se de um novo senso de comunidade, em vez de concorrência e benefício próprio. O sucesso não será mais medido pelo ganho financeiro e pela riqueza, **mas pela satisfação e pelas emoções positivas**.

As pessoas não acumularão mais bens materiais, mas compartilharão alegria por meio de generosidade, cuidado e suas habilidades. A conexão entre as pessoas poderá ganhar profundidade e significado. A confiança será a nova "moeda". O dinheiro de hoje será algo secundário. **Valores emocionais, como empatia, compaixão, alegria e satisfação, se tornarão os recursos mais valiosos.**

Trata-se de uma inspiração mútua: ficamos felizes ao lidar com o dinheiro de maneira diferente e ver como ele cresce. **E o dinheiro fica feliz porque estamos felizes**. Assim, ele vem até nós. Nós nos tornamos mutuamente felizes. É um reinício do nosso sistema financeiro e de vida.

Nos tornamos como crianças. As crianças não são felizes porque têm dinheiro. Elas são felizes por natureza. E então recebem presentes (dinheiro e outros). Elas os utilizam e, no brincar, constroem um novo mundo e veem isso crescer. Elas se alegram com isso e são felizes. Para elas, o dinheiro desempenha um papel secundário. Não é algo pesado, mas leve.

Também agora vemos o dinheiro de outra forma: transformamos nossa visão anterior – "dinheiro é pesado; está associado à inveja, ciúme, fraude" – em: dinheiro é leve. Ele vem até nós com facilidade. O dinheiro, antes pesado, escuro, manchado, triste e cheio de sofrimento, transforma-se em **"Dinheiro Feliz."**

Imaginemos que o dinheiro feliz flui até nós. Nós o abraçamos e o amamos – com muito carinho. Essa metáfora deve ser visualizada todos os dias. E então o dinheiro feliz começará a fluir para nós – primeiro lentamente, depois em volumes crescentes.

Estamos mudando nossa intenção: não mais a busca por "sempre mais", mas sim a satisfação com o que temos. E usaremos o dinheiro em coisas que beneficiem a todos.
E confiamos e acreditamos em uma força maior: uma energia invisível, cósmica, nos apoia porque nossa intenção é boa e serve à Terra e à humanidade – ou seja, ao bem comum, e não apenas (como antes) a nós mesmos e ao nosso ego.

Essa fé e confiança são um novo movimento chamado **Money & Spirit**. Isso significa que o dinheiro vem de uma grande força assim que mudamos nossa mentalidade, nossas intenções e desenvolvemos confiança. Nossas ações, pensamentos e intenções anteriores em relação ao dinheiro e a forma destrutiva como lidamos com ele devem ser deixados para trás. Os tempos de ganância, inveja, ciúme, fraude, manipulação e corrupção relacionados ao dinheiro definitivamente acabaram.

Estamos trazendo o dinheiro – o ouro – do céu para a Terra. Como? Permitindo que a luz dourada – nossa intuição e inspiração – flua através de nós todos os dias. Essa luz nos faz perceber as coisas que devemos abordar para criar algo novo. Porque nascemos com dons. E agora devemos usá-los para transformar o mundo disruptivo em um novo – e mais belo.

O Dinheiro Feliz é, portanto, a nova energia do dinheiro. Desenvolvemos uma nova atitude em relação ao dinheiro: sem vício em dinheiro, sem corrida atrás dele! E, talvez, até rompamos nossas conexões negativas com a família relacionadas ao dinheiro.

Uma conhecida compartilhou um exemplo. Seu pai não tinha uma boa relação com o dinheiro. Ele escorria por suas mãos. O dinheiro não permanecia com ele. E sua filha, ao crescer, experimentou o mesmo. Um dia, ela conheceu uma mentora de energia. "Você precisa se desvencilhar da energia do seu pai", disse a mentora. E foi o que ela fez, dizendo mentalmente ao pai: "Seu relacionamento com o dinheiro não é minha responsabilidade, é sua. Não tenho nada a ver com isso. Agora, me liberto dessa energia destrutiva."
A partir daquele momento, o dinheiro começou a fluir para ela. E permaneceu com ela. O dinheiro sentiu-se bem com ela e se multiplicou. **Ele amava a mulher. E a mulher amava o dinheiro**.

E assim, de uma situação infeliz, surgiu uma situação feliz. Minha conhecida está muito feliz, pois também conseguiu curar outros aspectos de sua vida com esse método. Como ela conseguiu? Rompendo os laços com sua família, nesse caso, laços relacionados ao dinheiro. Todos podemos romper esses laços: na família, no trabalho, em relacionamentos ruins, empregos monótonos, vícios como álcool e outros problemas.

Mas, como mencionado no início: devemos apagar nosso passado de nossas memórias. Uma nova era começou. Devemos ver o dinheiro como um recurso que agora chega até nós com facilidade, que é dourado, que flui até nós.

Hoje, devemos eliminar os fardos familiares e pessoais do passado. Porque a origem e a causa de nosso desconforto emocional e financeiro podem ser encontrados na história de nossa família. Isso nos leva às nossas raízes e às raízes de nossa família e, talvez, a dores, sofrimentos e tristezas causados pela família.

No caminho para um relacionamento positivo com o dinheiro, aprendemos a perdoar. E nos reconciliamos com nossa história. No final, alcançamos a cura de nossos ancestrais, de nós mesmos e de nossa conexão com o dinheiro.

Para isso, precisamos:

→ Mudar nossas crenças e condicionamentos.
→ Permitir que a alegria flua em nossas atividades.
→ Abrir nossos corações.
→ Soltar o dinheiro e parar de segurá-lo.
→ Investir dinheiro em pessoas e na Terra para torná-los felizes.

→ Confiar que o dinheiro retornará.

→ Acreditar no bem maior.

Através de nossa transformação, o dinheiro flui.

→ A riqueza interior se torna mais importante do que a riqueza exterior.

→ Alegria e leveza substituem ganância, medo e preocupações.

→ O amor substitui a inveja, o ressentimento e o ciúme.

Depois disso, passamos a olhar para o dinheiro com outros olhos – com uma nova consciência. A árvore está plantada! Ela nos representa e nos dá estabilidade. **É um momento incrível. O velho se vai, e o novo chega. Uma nova era começou.** E este é o caminho para o **DINHEIRO FELIZ.**

Dinheiro é amor. Dinheiro é prosperidade. Dinheiro é abundância. Quando usamos o dinheiro em algo que toca nosso coração, experimentamos o sentimento de felicidade. E isso nos traz alegria. E nossos medos desaparecem. E então vemos o investimento crescer. E somos gratos.

O novo dinheiro faz tudo florescer. E nós também florescemos! Nosso dinheiro nos faz florescer: nossa saúde, nossa família, nosso trabalho, e assim por diante. **Damos dinheiro com alegria, amor e gratidão.** E o recebemos de volta com alegria, amor e gratidão. Assim, a economia floresce. Dessa forma, tudo pode florescer: **com alegria, amor, gratidão e apreço.**

O dinheiro necessário para isso nos será dado. Quando agimos com o coração, o dinheiro vem até nós (automaticamente). Deixemos isso acontecer! Tenhamos confiança! Deixemos a ganância por "mais", assim como os medos e preocupações, ficarem no passado. Deixemos a **alegria, a luz e o sol** entrarem em nossas vidas!

Porque o capital das pessoas não é apenas o "ouro exterior" – o dinheiro, mas também nossos potenciais, talentos e criatividade, nossa coragem e confiança, nossa moral, honestidade e transparência, assim como nossa alegria e saúde. Com este capital, podemos sempre construir algo novo.

Muitas pessoas, até agora, devido à sua formação, têm realizado trabalhos que nem sempre estão conectados ao coração. Realizam tarefas que não trazem alegria, que não estão alinhadas ao coração. Pois fazem tudo a partir da mente, como a sociedade, a família, a escola e a universidade lhes ensinaram. Com isso, adotaram crenças que hoje não são mais válidas.

Devemos, hoje, confiar em nós mesmos: em nossos dons, nossa criatividade e competência, em nossas intenções e intuições ao tomar decisões ou escolher caminhos diariamente, mesmo que algo possa dar errado. Quando as pessoas aceitarem essa nova compreensão de si mesmas, se tornarão "ricas." E então, o dinheiro também virá.

O dinheiro vem até nós com facilidade quando:

- o VALORIZAMOS o dinheiro.
- o Vemos o dinheiro como ENERGIA que retorna para nós quando lidamos com ele de forma boa e generosa (e não com ganância, exploração ou desonestidade).
- o Usamos o CORAÇÃO, o AMOR e o ESPÍRITO (Spirit).
- o Somos ABERTOS e HONESTOS conosco e com todas as pessoas.
- o Sentimos ALEGRIA no que fazemos.
- o Fazemos o BEM para outras pessoas.
- o Usamos o dinheiro em BOAS CAUSAS.
- o COMPARTILHAMOS o dinheiro. Compartilhar é curar.
- o Fazemos as pazes com o dinheiro, conosco mesmos e com todos os outros.

O dinheiro é como um bebê amado. Nós o abraçamos, cuidamos dele e lidamos com ele com carinho.

Com uma nova atitude – uma nova perspectiva – conseguiremos transformar o "dinheiro pesado" de hoje em Dinheiro Feliz.

É muito importante ter confiança. Até agora, confiávamos no sistema, como mencionado no início: "A aceitação do dinheiro baseia-se na confiança das pessoas em seu valor e em sua capacidade de servir como meio de troca e reserva de valor."

Agora, trata-se da nossa confiança – não no sistema (que é terrestre), mas no Todo Maior. Estamos conectados a tudo – incluindo uma dimensão ou instância superior (= o Espírito), ao nosso verdadeiro "Eu" divino. E é de lá que o dinheiro vem – na forma dos dons e talentos que trouxemos para a Terra.

Quando crianças, ainda não conhecemos nossos dons e talentos. Mas já os usamos inconscientemente, somos criativos e construímos ou desenvolvemos algo. O dinheiro pode até estar envolvido nesse processo. Mas o foco da criança não está no dinheiro, pois ela nem o conhece. O foco está no que ela quer criar ou construir. O dinheiro desempenha um papel secundário.

No meu livro "Dinheiro Feliz", escrevo sobre a criança cujo coração está aberto e que se emociona com as muitas coisas bonitas que aparecem em seu mundo infantil. Sua imaginação e criatividade não têm limites. A criança deseja construir um novo mundo. Ela começa a levar suas economias para uma loja de jardinagem e compra uma planta. Ela a rega, dá amor e boas energias. Assim, vê a planta crescer.

A família dá mais dinheiro de presente, e ela compra outra planta. Esta também recebe água, amor e bons pensamentos. A criança a observa crescer todos os dias. E assim, constrói um novo mundo – um mundo feito de natureza, de pessoas felizes e de Dinheiro Feliz, onde o apreço, o amor e a alegria são o novo fundamento da vida.

Essa é a transformação: em vez de considerar o dinheiro, na idade adulta, como algo pesado e de lidar mal com ele, voltamos à infância e vemos o dinheiro como algo secundário, mas com alta valorização e amor. Assim, o Dinheiro Feliz chega a nós de maneira lúdica.

8. Capítulo: Felicidade e Espiritualidade

Vivemos em um mundo visível e invisível. O visível é reconhecido por nós e acreditamos nas declarações dos cientistas, entre outros. O invisível, para muitas pessoas, é algo suspeito. As mensagens transmitidas nesse campo não são acreditadas. Só passam a ser aceitas quando explicadas e comprovadas cientificamente, tornando-se palpáveis fisicamente. E é aí que as opiniões divergem. Alguns precisam de provas científicas. Outros não. Eles sabem, com base em suas experiências passadas (vidas anteriores) e em sua intuição, que o mundo invisível e ainda não comprovado cientificamente é verdadeiro e real.

Nós, seres humanos, somos seres energéticos, compostos de cinco por cento de consciência. Os outros 95% são inconscientes. Muitos acreditam que nosso conhecimento de cinco por cento é desproporcional, o que nos leva a exteriorizar ego, arrogância e presunção, em vez de praticar humildade e sabedoria.

Nosso corpo físico é composto por centros de energia, também chamados de chakras. Esses centros formam um sistema de comunicação – composto por nervos e hormônios. E esses elementos se reúnem nos sete chakras do corpo.

Ao redor do corpo físico, existem corpos de luz. Esses corpos de luz atraem outras pessoas, como mencionado no prefácio.

Devemos hoje deixar nosso corpo de luz brilhar em dourado, para que muitas pessoas sejam atraídas por nós. Devemos irradiar alegria e felicidade. Devemos fazer as pessoas ao nosso redor felizes. E devemos encontrar as pessoas em pé de igualdade, sem vê-las como inferiores ou adoradoras, ou seja, devemos irradiar bondade.

"Um sorriso basta para fazer outras pessoas felizes."

No entanto, se o sistema nervoso e hormonal não está em equilíbrio, a pessoa vive com medo, em luta ou fuga. O mundo deixa de ser seguro para ela. Isso pode levar a traumas, estresse e doenças.

Os xamãs são especialistas na cura de traumas. Quando curam o corpo, eles trazem o sistema nervoso e hormonal de volta ao equilíbrio. Isso evita que armazenemos nossos traumas – no nervo vago, que conecta o cérebro a cada órgão do corpo. Assim, o nervo vago é realinhado. E, dessa forma, curamos traumas.

E, com esse equilíbrio, também podemos mudar a consciência das pessoas – do materialismo para o interior do ser humano, do egoísmo para o bem comum, do "eu" para o "nós", do foco no dinheiro para o foco na felicidade, e da energia patriarcal, masculina, para a energia feminina.

95% de todas as ações ocorrem no campo invisível. É um campo de energia que se comunica com o campo quântico. Esse é o lar dos xamãs. Eles sabem como lidar com traumas. Possuem o conhecimento de antigas sabedorias. São os sábios de antigamente.

Nós também podemos nos tornar sábios. Podemos aprender com os antigos sábios. Podemos deixar de lado nosso orgulho, nossa arrogância e sensação de superioridade.
E assim, alcançamos a felicidade – um sentimento de bem-estar cuja fonte não é o exterior e, portanto, não é o material, mas sim nossos valores interiores, nosso coração e nossa alma (e, consequentemente, nossa psique).

Nesse contexto: como pode ser que uma pessoa, cujas células do corpo estão cheias de câncer, sabendo que tem apenas alguns meses de vida e que deixará um jovem filho de 18 anos sozinho no mundo, esteja repleta de alegria, riso e positividade?

Tive a oportunidade de conhecer essa pessoa em 2015, em Palm Beach, na Flórida, no Instituto de Saúde Hippocrates, quando visitei o instituto pela primeira vez. Jackie estava no centro do refeitório – loira, angelical, radiante, feliz. Foi assim que ela me recebeu, sem sequer saber quem eu era.
Ela contou sua história. Fiquei profundamente impressionado. Que sofrimento. Que destino. E então, tanta alegria. Tanta felicidade. Esse profundo conhecimento interior. Essa presença divina.

Jackie Campisi era oftalmologista em Connecticut, perto de Nova York, com uma clínica de sucesso. Então, ela foi diagnosticada com câncer na medula espinhal. Passou por um período muito difícil em sua vida. No final, o câncer foi vencido, mas ela perdeu sua clínica, e sua seguradora de saúde cancelou o contrato devido aos altíssimos custos do tratamento.

Ela soube do Instituto de Saúde Hippocrates, em West Palm Beach, e mudou-se para a Flórida. Nesse instituto, ela começou a trabalhar, ajudando pacientes com câncer a verem o mundo de forma esperançosa e positiva, em vez de triste e negativa. Jackie oferecia a eles apoio, confiança e alegria de viver.

Então, Jackie foi novamente diagnosticada com câncer. Os médicos deram a ela um ano de vida. Apesar disso, ela permaneceu alegre, cheia de esperança, irradiando luz o dia inteiro. Eu a acompanhei, junto com seu parceiro, por muito tempo. Na época, eu morava em Miami e frequentemente viajava para Palm Beach para vê-la, dar força a ela, absorver sua sabedoria e aprender sobre sua conexão invisível com algo maior – uma fonte da qual ela se nutria diariamente.
Jackie não era religiosa, mas havia uma fonte que a guiava e lhe dava força, permitindo que ela inspirasse outras pessoas a alcançar algo incrível – transmitir alegria, felicidade e esperança.

Quando o ano previsto pelos médicos terminou e ela ainda estava viva, isso trouxe a ela uma nova sensação de felicidade. Ela viveu mais um ano. Contudo, as coisas se tornaram cada vez mais difíceis: ela perdeu seu trabalho no instituto, ficou sem dinheiro, e seu corpo começou a ceder. No fim, ela recebeu um transplante de células-tronco patrocinado. Mas isso também não foi suficiente. Durante esse período, eu havia voltado para Hamburgo, mas continuava em contato com ela, seja falando ou escrevendo. E então, ela adormeceu lentamente.

Dois meses depois, eu tinha uma viagem marcada para Miami para visitar amigos. Que surpresa! Recebi a notícia de que, no domingo após minha chegada, seria realizado um memorial para Jackie em West Palm Beach. Que coincidência esse evento ter sido planejado para o momento em que eu estaria em Miami. Os organizadores do serviço não sabiam que eu estaria viajando para lá. No domingo, naturalmente, fui a Palm Beach e fiz o discurso em homenagem a Jackie Campisi.

Foi uma celebração muito bonita – cheia de leveza, alegria e gratidão pelas mensagens de Jackie às pessoas, mensagens que transmitiam força, confiança, luz e amor, além da minha profunda gratidão por ter conhecido Jackie – esse ser angelical, quase divino, que agora paira invisivelmente sobre nós, trazendo sua felicidade à Terra.

"Rir é como uma libertação – assim como chorar também é. Quando me tornei budista, aprendi e, finalmente, compreendi que o passado, o presente e o futuro são um só. Tudo o que aconteceu comigo – o bom e o ruim – faz parte de mim. Eu aceitei isso. E essa aceitação me tornou mais forte." Tina Turner

Em setembro de 2007, fiz uma palestra em uma importante instituição financeira privada em Hamburgo com o tema: **"Como trazer o ouro dos céus para a Terra."**

O ouro dos céus também é invisível. Não pode ser tocado, mas está lá. Esse ouro, por um lado, é o nosso ouro interior – os talentos, potenciais e dons que trouxemos ao nascer. Por outro lado, é o ouro exterior – nosso dinheiro, que flui para nós como resultado de nossos dons. São, portanto, os valores interiores que materializamos. E assim chegamos ao tema: **Como trazer o ouro dos céus para a Terra?**

Nosso ouro interior é algo imaterial, invisível, mas fundamental para o que criamos no mundo físico. Ele representa nossa criatividade, nossas habilidades únicas, nossos desejos de contribuir e transformar. Quando usamos esses dons de maneira alinhada com o coração, o ouro exterior, que inclui dinheiro e recursos materiais, flui naturalmente para nós. É um ciclo de troca e reciprocidade, em que damos ao mundo nossas habilidades e recebemos de volta o necessário para prosperar.

Essa mensagem ressoa profundamente com a ideia de felicidade e espiritualidade, porque nos convida a olhar além do material e a nos concentrar no propósito, no sentido, e na conexão com algo maior. Ao alinhar nossos talentos e ações com essa fonte maior, trazemos harmonia para nossas vidas e para o mundo ao nosso redor.

9. Capítulo: Como trazer o ouro dos céus para a Terra

Em 17 de setembro de 2007, realizei a seguinte palestra na então renomada instituição financeira privada Sal. Oppenheim, nas instalações de sua filial em Hamburgo. Antes disso, recebi a intuição – a inspiração – de que a instituição de 200 anos não duraria muito na forma como existia. E, de fato: algum tempo depois, o banco teve de ser adquirido pelo Deutsche Bank devido a uma gestão imprudente e especulativa de seu capital. Caso contrário, teria declarado falência.

Que vergonha para uma família que, ao longo de sete gerações, havia conduzido a instituição com tanta honra até então. Mas, como descrito neste livro: os membros da família às vezes enfrentam destinos que não resultam diretamente de suas próprias ações, mas das causas deixadas por seus antepassados. Afinal, eles nasceram nessa família porque sua alma escolheu isso, desejando ter essas experiências.

Aliás, um dia após a palestra, fui chamado à administração. Foi-me dito que o conteúdo da palestra não foi bem recebido, pois não trazia benefícios monetários diretos. Por outro lado, o feedback do público foi muito positivo. No final da palestra, uma dama respeitável de Hamburgo levantou-se para me parabenizar por ter apresentado um tema tão complexo de maneira tão compacta e clara. Ela me convidou para uma viagem à Índia, onde esses temas de riqueza interior e espiritualidade são ensinados em uma universidade. Algumas semanas depois, viajei para a Índia.

No dia 5 de outubro de 2007, apresentei a mesma palestra no Rotary Club Hamburg-Altona. Foi bem recebida por alguns rotarianos, mas não por outros. Meses antes, eu já havia feito uma palestra sobre a América Latina, encerrando com a seguinte observação:

"Muitos latino-americanos, especialmente os indígenas, não têm riqueza material, mas possuem uma riqueza interior. Isso é expresso por seus olhos brilhantes, cheios de alegria, e por seus sorrisos. Aqui, na Europa Ocidental, vejo pessoas com muita riqueza exterior, mas sem sorrisos ou olhos radiantes de alegria."

Essa afirmação também não me fez muitos amigos. Os rotarianos olharam desconfortavelmente para o lado.

Aqui está a minha palestra:

Prezadas senhoras, prezados senhores, caros amigos!

Sejam muito bem-vindos a este espaço maravilhoso da Sal. Oppenheim. Antes de mais nada, gostaria de agradecer à instituição financeira privada Oppenheim e ao seu diretor para o norte da Alemanha, Sr. von Hirschhausen, por me permitir falar aqui.

Estou muito feliz em poder apresentar hoje um tema tão especial:

"Como trazer o ouro dos céus para a Terra?"

Gostaria de começar me apresentando brevemente,
fazer um resumo da trajetória de Michael H.,
um comerciante da América Latina,
e compartilhar com vocês minha visão sobre a
VERDADEIRA RIQUEZA.
O propósito desta palestra é criar CONSCIÊNCIA sobre a UNIDADE entre riqueza interior e exterior.

- Vida de Rafael D. Kasischke
- Vida de Michael H.
- Visão da VERDADEIRA RIQUEZA
- Criar CONSCIÊNCIA sobre riqueza interior e exterior.

1. Apresentação pessoal:

Sou casado, tenho uma filha de 13 anos e um filho de 11 anos. Passei 15 anos da minha vida como banqueiro na América Latina. Outros seis anos nos Estados Unidos. Trabalhei em bancos renomados da Alemanha e da Suíça. Há muitos anos, trabalho como consultor independente para instituições financeiras.

Minhas experiências pessoais e desafios ao longo da vida me levaram a um caminho completamente novo. É sobre isso que quero falar com vocês hoje.

Desejo criar equilíbrio na riqueza
para aqueles que estão dispostos a aceitá-lo.

A importância dada ao dinheiro está "fora de equilíbrio".
Deve ser reduzida de algo superdimensionado
para algo mais razoável.

As pessoas, e não o dinheiro, deveriam estar novamente no
centro da vida, porque o dinheiro, sozinho, não traz felicidade.

Como isso pode ser alcançado? Uma ideia:
Podemos transformar dinheiro em ouro.
Pois o ouro representa riqueza interior e exterior!

O ouro não é apenas um metal,
o ouro também é energia,
uma força espiritual que devemos aprender a usar.

Citação: Nesse sentido, é possível entender a declaração do
ex-presidente de Abu Dhabi, que disse:
"Riqueza não tem valor real enquanto não servir às pessoas."
(Sheik Zayed bin Sultan Al Nahyan)

2. Seleção de imagens:

a) Personalidades ricas e famosas (riqueza exterior): figuras conhecidas que criaram uma riqueza material incrível.

b) Pessoas felizes e calorosas: amor, alegria, amizade, alma = riqueza interior.

Todos nós conhecemos esses grandes nomes do dinheiro
e percebemos seus conflitos internos.
Todos nós conhecemos momentos de felicidade e amor
e sentimos a grande saudade disso.

Por que europeus e americanos ricos, muitas vezes, têm rostos tensos, marcados pelo medo e preocupação com seu dinheiro? Por que pessoas pobres exibem um sorriso feliz no rosto?

O que são valores verdadeiros?
O que é riqueza exterior?
O que é riqueza interior?
Como podemos alcançar ambas?

Como transformar dinheiro em OURO?
Qual ouro estamos mencionando aqui?

A resposta só será encontrada se fizermos uma coisa:
Devemos trilhar o caminho espiritual.
Devemos dar alma ao dinheiro.

3. A história de Michael H.

Algumas pessoas já vivenciaram essa sabedoria, como o comerciante Michael H., de quem gostaria de falar brevemente agora.

Por que ele? Porque Michael H. compreendeu que apenas a UNIÃO entre riqueza interior e exterior leva à FELICIDADE.

Michael H. nasceu em 1941, em Hamburgo. Ele veio de uma origem humilde. Fez um aprendizado como comerciante de exportação e importação.

Aos 20 anos, sua SORTE NA VIDA começou: ele teve a oportunidade de trabalhar em uma rede de supermercados na América Latina.

Mas logo Michael enfrentou o primeiro golpe do destino: os proprietários administraram as finanças de forma imprudente, e a empresa faliu.

Michael agarrou uma nova oportunidade. Ele fundou uma plantação de cana-de-açúcar. Mas essa empreitada também falhou. Um incêndio destruiu toda a plantação. Ele ficou na rua: com dívidas altas e sem emprego.

O que realmente o ajudou em meio a todos esses contratempos foi sua esposa, Marilu, que ele conheceu pouco depois de chegar ao Peru e com quem se casou.

ELA foi quem acompanhou Michael em sua trajetória de vida. Ela esteve sempre ao lado dele – mesmo nos momentos mais sombrios.

Ela foi quem trouxe um raio de luz às situações difíceis dos negócios.

Ela sempre o encorajava. Quando ela olhava para ele com seus calorosos olhos castanhos, Michael sabia que deveria continuar.

E assim ele conseguiu realizar muito em sua vida. Ele se tornou um empresário bem-sucedido no setor marítimo e acumulou uma grande fortuna.

Mas, mesmo nesse caminho, ele enfrentou altos e baixos. Ele aprendeu lições valiosas na vida. Ele teve experiências que causaram muita dor.

Ele foi chantageado e teve que ceder uma grande parte dos lucros de seus negócios a um funcionário do governo. Ele viveu com o medo constante de que sua família fosse sequestrada. Por isso, mandou seus filhos estudarem no exterior.

Em todas essas situações, Marilu o olhava com seus olhos calorosos, pois sabia que o destino não pode ser controlado...

Ele se tornou sábio. Ele buscou o sentido da vida e o encontrou. Ele descobriu seu caminho, aquele que deveria seguir na Terra. E é disso que se trata na vida: cada pessoa deve encontrar o seu caminho. E cada um deve percorrê-lo sozinho.

No entanto, cada pessoa recebe ajuda. E uma atitude interior é essencial para isso: "Tenha confiança em Deus."

Hoje, quando Michael olha de seu apartamento em Hamburgo para o porto e reflete sobre sua vida, ele sente orgulho do que construiu e se sente muito feliz.

Sua esposa e seus quatro filhos preenchem seu CORAÇÃO. É o EQUILÍBRIO entre valores materiais e interiores. Ele criou riqueza.

O que realmente importa para ele na vida é a FELICIDADE, a satisfação e a família. E isso não pode ser comprado com DINHEIRO.

Quem alcança esse EQUILÍBRIO é uma pessoa feliz e plena.

Hoje, muitos buscam FELICIDADE e DINHEIRO. Está à disposição de todos, tanto na rua quanto dentro de nós. Precisamos apenas estar dispostos a recebê-lo.

A história de Michael representa o caminho de vida de muitos alemães que vivem no exterior, mas não apenas no exterior. Ela também reflete o meu próprio caminho.

Michael tocou em temas que ressoam comigo, dizendo: "A única coisa que realmente tem valor são os olhos consoladores e gentis de sua esposa."

Essa declaração possui uma importante dimensão espiritual: é através dos olhos que olhamos para a alma das pessoas. E com almas como a de Marilu, encontramos consolo e cura que realmente ajudam. Isso é uma lei cósmica.

Por que estou compartilhando esta história?

A vida de Michael reflete a VIDA de TODOS NÓS: há altos e baixos. Nenhuma VIDA segue uma linha reta. Mas, após cada "baixo", vem um "alto".

Michael nunca desistiu. Ele sempre buscava força e otimismo para começar de novo.

Essa mesma característica eu vi nos EUA: os americanos têm o hábito de recomeçar após um fracasso. E nós, alemães? Após uma derrota profissional, muitos alemães entram em desespero.

Eu também passei por vales sombrios e fiquei desesperado. Por muito tempo, lutei contra essa dúvida. Agora, estou subindo a montanha novamente. Levantei-me e, por isso, sou capaz de ajudar outras pessoas, em situações difíceis (falências, luto), a ENXERGAREM A LUZ.

Resumindo:
O que me tocou?

- o despertar de Michael. Sua ampliação de consciência. Sua resiliência e determinação.

- o Seu enorme esforço e seu AMOR e DEDICAÇÃO ao trabalho. Isso fez o dinheiro vir até ele.

- o A prioridade que ele deu aos valores da vida: Para Michael, o DINHEIRO não era o mais importante, mas sim seu amor por sua esposa e filhos.

- o Sua esposa, que sempre o encorajou, deu-lhe força e apoio; que foi capaz de amar verdadeiramente.

4. Minha visão sobre dinheiro – ouro:

E aqui chegamos à minha visão para tornar o mundo mais belo: eu distingo entre "riqueza interior" e "riqueza exterior."
O que é riqueza interior? É claro: o CORAÇÃO, o AMOR, o SENTIMENTO de felicidade!

Riqueza interior significa:

- Tornar-se consciente e assumir a responsabilidade por si mesmo.
- Compreender: tudo tem um propósito! (mudanças climáticas, crises políticas, etc.), pois isso é a expressão da dualidade na Terra: Luz / Sombra, positivo / negativo, Yin / Yang, Sol / Lua, e assim por diante.
- Como podemos alcançar isso? Primeiro, precisamos observar e analisar tudo com calma. Somente então devemos agir.
  E, acima de tudo, preste atenção para não julgar!

Somente então seremos capazes de criar equilíbrio / harmonia entre os polos, que representam as energias feminina e masculina na Terra. Vamos encontrar o centro.

Essa é a base essencial para lidar de maneira significativa e satisfatória com o tema de hoje: DINHEIRO.

E assim vejo:

o dinheiro é apenas a energia neutra e fluida entre dois polos, um meio. Com essa consciência, o dinheiro cria equilíbrio, e isso nos traz felicidade.

Eu crio nos meus clientes a conscientização da unidade e a conscientização do amor abrangente.

Isso gera um sentimento de satisfação e felicidade.

O caminho para isso passa pela espiritualidade.

E os meios para alcançar isso passam pelo dinheiro.

Eu conecto empreendimentos financeiros (o uso do dinheiro) com a espiritualidade.
Deus – Ouro – Dinheiro.

Jogo da Balança:

Gostaria de apresentar, por meio de um pequeno experimento, o equilíbrio entre riqueza interior e exterior.
Na balança:

- No lado esquerdo, colocamos a riqueza exterior: casa, carros, iate.
- No lado direito, colocamos a riqueza interior: amor, alegria, talentos.

O que percebemos? Falta equilíbrio.

Como podemos criar essa harmonia? Colocamos peças de ouro no lado do amor e da alegria. Assim, a riqueza exterior é equilibrada e a balança encontra estabilidade.
O **OURO** simboliza, em essência, a riqueza exterior. Mas o ouro colocado no lado direito representa a riqueza interior, imaterial. Isso também inclui a espiritualidade – a fé e a confiança em algo superior. Esse aspecto devemos preencher nas pessoas.
Ao oferecer às pessoas ALEGRIA, FELICIDADE, LEVEZA e ESPIRITUALIDADE, criamos um equilíbrio entre valores materiais e valores interiores.

Com essa espiritualidade, juntamente com alegria e amor, aplicamos o ouro ideal em projetos terrenos. Esses novos projetos, por sua vez, trazem de volta alegria e felicidade.

Resumo:

Riqueza Interior (= Visão de Ouro) significa:

1. Entrar em **AMOR PRÓPRIO** e **AUTOESTIMA**.

2. **VALORIZAR-SE**, sendo digno de ser RICO, BEM-SUCEDIDO e PRÓSPERO.

3. Realizar o **TRABALHO com AMOR**, ou seja, com o **CORAÇÃO**.
   (Então o DINHEIRO virá automaticamente.)

4. Ter **CONFIANÇA EM DEUS**.

5. Ouvir a **VOZ INTERIOR** (= intuição).

6. Viver de forma **CONSCIENTE**. Tornar-se consciente de seus dons/talentos.

7. Viver no **AGORA** e não no **ONTEM** ou no **AMANHÃ**.

8. Assumir a **RESPONSABILIDADE PESSOAL**: "Confie em si mesmo!".

9. Seguir o **PRÓPRIO CAMINHO** e viver a **PRÓPRIA VERDADE**.

10. Reconhecer o **SENTIDO DA VIDA** em tudo e ver todas as experiências, coisas e pessoas de forma **POSITIVA**. Como as coisas são, está tudo bem. Não questione tudo. Tudo tem seu propósito. Não há coincidências. O mesmo vale para o seu DINHEIRO. Não há situações de azar, acaso ou sorte. Não, tudo é parte de uma grande construção de um plano de vida.

11. Aceitar as **MUDANÇAS de "altos e baixos"**.
    Tudo na Terra sobe e desce/muda constantemente: positivo/negativo, sol/lua, dia/noite, chuva/sol, yin/yang, etc.

12. **CRIAR EQUILÍBRIO/BALANÇO!** Chegar ao **CENTRO**.
    (Isso significa: desenvolver o equilíbrio entre as energias feminina e masculina. O mesmo vale para o DINHEIRO: sempre deve haver equilíbrio.)

13. Chegar ao **CENTRO**, desenvolver o **PONTO DIVINO**.

14. **NÃO JULGAR e NÃO CONDENAR!**

15. Ter **PACIENTE** e manter a **CALMA**. Não seja impaciente!
    "Não como eu quero, mas como **TU** queres."

16. Formar o lema: **Tudo e todos agora me trazem sorte!**

Riqueza exterior: Como posso aumentar a riqueza exterior (visão do dinheiro)?

Todos nós sabemos o que significa riqueza exterior. O mais importante para alcançá-la é o uso correto e sensato do dinheiro. É essencial utilizá-lo de maneira responsável, sábia e cuidadosa: Essa é a responsabilidade de cada pessoa, de cada empresário, de cada banqueiro e de cada gestor de patrimônio. Mas há poucos investidores realmente sábios.

O meu objetivo é lidar com a riqueza exterior de forma positiva e para o bem de todos. Porque é o ser humano que faz algo BOM ou RUIM com o DINHEIRO. O dinheiro em si permanece neutro, esteja ele na Alemanha, na Suíça ou em Luxemburgo.

Devemos, portanto, lidar com o DINHEIRO e com o que adquirimos de forma positiva e respeitosa. Devemos tratá-lo com amor. Quando fazemos isso, ele se desenvolve de forma positiva. Esse é o segredo do sucesso que defendo.

O mesmo se aplica aos investimentos. Devemos investir com compreensão, respeito e amor. Devemos lidar bem com os investimentos, colocando energia positiva neles – devemos dar alma e abençoá-los.

Assim, eles se desenvolvem positivamente. Os investimentos podem não ser seres vivos, como humanos e animais. Eles não têm alma. Mas nós, humanos, temos. E quando aplicamos nosso DINHEIRO com CORAÇÃO e AMOR – seja na compra de uma casa, carro, títulos ou ações –, ele se desenvolve positivamente, porque o que adquirimos foi infundido com alma.

Não devemos guardar ressentimentos. E precisamos de PACIÊNCIA: "Não como EU quero, mas como VOCÊ quer."

Se você amar seu DINHEIRO e aplicá-lo com dedicação e AMOR em coisas que realmente tocam seu CORAÇÃO, ele trará bons retornos. Por outro lado, se você simplesmente investir dinheiro apenas para aumentá-lo e evitar qualquer conexão emocional, isso não funcionará.

Isso significa: Não basta aplicar o dinheiro e achar que está tudo seguro e que ele crescerá. É essencial contribuir – também no nível espiritual.

Devemos construir uma conexão interior com nossos investimentos. Dê a eles toda a positividade do seu ser. Assim, eles crescem e beneficiam a todos.

Portanto, não invista apenas com a MENTE, mas também com o CORAÇÃO.

Há pessoas que já compreenderam como lidar com o dinheiro da maneira certa. Uma forma de utilizar a riqueza exterior para o bem é doar ou legar dinheiro para fundações, museus, entre outros. Assim, algo BOM retorna para essas pessoas.

E é importante lembrar: **O dinheiro é transitório.** Trabalhamos para obtê-lo ao longo da vida e, depois, o deixamos para outros. O dinheiro é apenas emprestado a nós durante nossa vida.

Devemos vê-lo como um empréstimo. Tudo o que compramos com ele também é um empréstimo.

Warren Buffett, por exemplo, não deixará sua fortuna para seus filhos, mas doará para o bem da sociedade. Ele afirma: "O dinheiro é apenas emprestado a mim. Vou devolvê-lo para boas causas."

Alfred Nobel e muitos outros fizeram o mesmo, utilizando sua riqueza para o benefício da humanidade.

Riqueza exterior (visão do ouro) significa:

1. Deixar o dinheiro fluir.

2. Dar ao dinheiro o VALOR certo.
   (Não há nada de negativo no dinheiro. Não devemos temê-lo – seja por medo de perdê-lo, por retornos baixos, ou por estar em contas offshore, entre outros.)

3. AMAR o dinheiro e tudo o que ele adquire.

4. Lidar com o dinheiro de forma consciente.

5. Adquirir CONHECIMENTO (e sabedoria) sobre investimentos e seus RISCOS.
   (Fortalecer a educação financeira, criar uma mentalidade de abundância, usar o dinheiro para servir às pessoas, e enxergá-lo como um recurso temporário.)

5. E agora, minha resposta à pergunta inicial:

"Como trazer o ouro dos céus para a Terra?"

Eu ajudo, em meu trabalho, as pessoas a encontrarem sua riqueza interior, ou seja, a perceberem a felicidade e a satisfação.

"Uma vida plena não é resultado do cumprimento de todos os desejos. É o fruto de um coração preenchido de amor."

Como alcançar esse coração preenchido de amor,
independente da posse de bens materiais?
É necessário suavizar a dureza do coração.

Eu vejo o OURO no céu e trago esse OURO para a Terra para VOCÊS, abençoando investimentos. O que me importa é que VOCÊS sejam FELIZES, tanto interior quanto exteriormente. Quero oferecer às pessoas DINHEIRO e OURO, riqueza interior e exterior!

Nesse contexto, gostaria de expressar, ao final, minha gratidão à instituição Sal. Oppenheim. Essa instituição, ao longo de sete gerações, demonstrou um grande CORAÇÃO por seus amigos, conhecidos e familiares, mesmo em tempos difíceis. É claro que um banco também deve operar com base em princípios econômicos.

Mas, há muitos anos, vemos que os bancos, em geral, consideram apenas o aspecto comercial. O aspecto humano foi deixado de lado há muito tempo. Contudo, a Sal. Oppenheim nunca esqueceu esse lado humano e continua a cultivá-lo intensamente. Mantém a tradição, preserva valores antigos, valores humanos, e não se preocupa apenas com ganhos de curto prazo. O foco está nas conexões duradouras com os clientes, o que confere estabilidade.

E isso é o mais importante em nossa época de pensamentos imediatistas. Pois os mercados oscilam – sobem e descem.

O mais importante é preservar e ampliar a riqueza a longo prazo. Esse é um dos pontos centrais da instituição. Estou feliz em colaborar com a Sal. Oppenheim no futuro.

Encerrando, uso as palavras de James D. Wolfensohn, ex-presidente do Grupo Banco Mundial, que ele proferiu na reunião anual do Banco Mundial em Dubai, em 2003, porque elas refletem o que está em meu coração:

"Senhor Presidente: Não falo como um sonhador ou filósofo.
Como todos vocês, também tenho uma família
e me preocupo com o futuro dela.
*Temos o **conhecimento** para fazer a diferença.*
*Temos os **recursos** para fazer a diferença.*
*Temos a **coragem** para fazer a diferença.*
Devemos agir agora para fazer a diferença."

James D. Wolfensohn, ex-presidente do Banco Mundial
"O futuro representa um crescente desequilíbrio entre
as pessoas, os recursos naturais e o meio ambiente.
Se agirmos hoje, podemos prevenir esses desequilíbrios
e direcionar o mundo para um futuro melhor.
Se não agirmos, deixaremos problemas maiores
para nossos filhos."

"O maior objetivo do capital não é ganhar dinheiro,
mas usar o dinheiro para melhorar vidas."
– Henry Ford

Estou animado para construir com vocês um novo mundo financeiro.
Agradeço muito por sua atenção!

**Como trazer o ouro dos céus para a Terra?
O ouro representa alegria, amor e felicidade.**

Hoje, minha resposta seria: Eu trago às pessoas seu ouro interior para a Terra – sua verdadeira essência, seu verdadeiro propósito, seu despertar – bem como alegria, felicidade e luz do sol. Sou a ponte entre o céu e a Terra.

Luz dourada brilhante flui para as pessoas. Luz dourada as envolve. Essa luz as preenche com AMOR. Elas se sentem protegidas. Elas se sentem bem. Elas são felizes.
Uma felicidade e alegria profundas as cercam. Elas são tocadas por essa luz. Ela enche seus CORAÇÕES. Sentem o AMOR e a conexão com algo maior – a energia cósmica.

Elas se sentem felizes, compreendidas e em paz consigo mesmas. Cheias de alegria, abraçam suas famílias, amigos, vizinhos e comunidades.

E esse sentimento contagia outras pessoas. Elas vêm para ver o que está acontecendo: uma grande transformação – de tristeza, medo e sofrimento para a abertura dos corações, o recebimento da luz dourada, o sentimento de alegria e felicidade.

Conclusão

Alcançamos a felicidade ao direcionarmos nossa atenção...

o De volta à nossa infância: permitindo à curiosidade, entusiasmo, criatividade e sentimentos fluírem livremente.
o Sem nos apegar ao passado. Soltando-o.
o Conectando-nos com o Todo e deixando-nos guiar.
o Mudando de perspectiva: enxergando o mundo com alegria, não com preocupações.
o Oferecendo sorrisos aos outros. Assim, os sorrisos retornam.
o Praticando gratidão e perdão.

Então, alcançamos um estado de: Felicidade – Alegria – Descontração – Riqueza interior – Satisfação interior – Valores internos – Paz – Liberdade – Leveza – Serenidade – Tranquilidade – Saúde mental.

E isso é o mais importante na vida: saúde mental e satisfação. Contudo, falta satisfação e felicidade para muitas pessoas. Elas se concentram em valores materiais em vez de valores internos. E têm medo – da mudança. Apegam-se ao passado – ao material.

Mensagem

Quando estamos satisfeitos internamente, não precisamos acumular tanto no exterior. Assim, podemos usar o dinheiro para outras coisas, como ajudar outras pessoas a encontrarem alegria ou independência, etc.

O grande desafio é alcançar o silêncio e ouvir a nós mesmos (e descobrir nosso caminho de vida/alma). Até agora, utilizamos apenas nossa mente. Mas o mundo mudou. Devemos aprender a não dar tanto espaço à mente. Devemos acolher uma consciência mais elevada. Isso é energia.

O dinheiro faz parte da nossa vida. Também é energia. No entanto, é um dos grandes obstáculos para alcançar a felicidade. Isso porque lidamos mal com ele; porque nos preocupamos e temos medo; porque temos pouco ou muito dele, etc.
O dinheiro precisa ser honrado, amado e reconhecido. Deve ser visto com uma consciência mais elevada, em uma dimensão superior.

Metáfora

Imaginem que o dinheiro pudesse ouvir, sentir e falar (como uma pessoa). O que ele ouviria? Ele ouviria o que vocês desejam fazer com ele, para que pretendem usá-lo.
E o que ele sentiria? Ele sentiria se está sendo bem ou mal utilizado. Nós, humanos, sentimos quando somos tratados com desrespeito. E se o dinheiro também sentisse isso?

Se vocês usarem o dinheiro para algo positivo, ele se sentirá bem. Mas, se trocarem dinheiro por algo negativo (fast food, álcool, cigarros), ele se sentirá bem? Quais experiências vocês já tiveram?

E se o dinheiro pudesse falar! Uau! Que nova perspectiva.

Mensagem

Se lidarmos bem com o dinheiro e o utilizarmos de forma adequada, surgem alegria e saúde = causa e efeito (sem medos, preocupações, culpas ou depressões).

Tudo é energia: as pessoas, a água, o dinheiro, o amor. Tudo deve fluir. Quando não flui, ocorre um bloqueio. E isso pode levar à doença.

Mensagem

Olhar para tudo com amor. Abrir o coração. Valorizar: a vida, o amor, as pessoas, a natureza e o dinheiro. E tratar tudo com cuidado!

E de onde vêm a água, nós, o dinheiro? Tudo vem do alto – para a Terra. Até o dinheiro. Praticamente nascemos com ele, pois nascemos com talentos e potenciais que mais tarde podemos transformar em dinheiro.

O dinheiro vem até nós com facilidade quando...

O dinheiro vem até nós com facilidade quando...

- VALORIZAMOS o dinheiro,
- consideramos como ENERGIA, que retorna para nós quando o usamos de forma boa e benevolente (e não com ganância, exploração ou fraude),
- utilizamos nosso CORAÇÃO, AMOR e ESPÍRITO (essência),
- somos ABERTOS e HONESTOS conosco e com todas as pessoas,
- sentimos ALEGRIA no que fazemos,
- fazemos o BEM para outras pessoas,
- aplicamos o dinheiro em COISAS BOAS,
- fazemos as pazes com o dinheiro, conosco e com todos os outros.

O dinheiro é como um bebê amado. Nós o acolhemos, o amamos e cuidamos dele com zelo.

Passos muito importantes incluem: **ter confiança** (em tudo). Confie no fluxo do dinheiro/negócio! Não tenha medo. Esse é o maior obstáculo. Porque, quando as pessoas têm medo, elas se agarram ao dinheiro e se preparam para tempos difíceis. Quando estamos cercados pelo medo, deixamos que o dinheiro controle nossa vida. **Mas, se estivermos confiantes, podemos soltá-lo.**

Como alcançar a confiança?

1. Soltar os emaranhados com a família, parceiro, trabalho, etc.
2. Ter confiança em nós mesmos: Eu não tenho medo de que algo dê errado.
3. Confiar no Todo – na dimensão/instância superior (= o ESPÍRITO).

Fazer as pazes – conosco e com os membros da família, com o dinheiro.

Carregamos muitas feridas dentro de nós – feridas que vêm da nossa família/ancestrais e da nossa infância.

Devemos entender que nossos pais e avós também sofreram essas feridas. E, qualquer que tenha sido nossa experiência na infância, nossos pais e avós também enfrentaram destinos difíceis. E nós carregamos isso em nosso sistema (até a velhice). Elas precisam ser curadas.

Devemos nos libertar, por exemplo, das feridas emocionais, de não sermos vistos, de sermos abandonados, da ausência emocional da mãe/do pai, de não sermos amados, etc.

Esses sentimentos profundos de abandono podem continuar na vida adulta. Alguns evitam qualquer contato com a família; outros começam a beber, usar drogas ou trabalhar demais para não pensar sobre isso. A maneira como amamos, como lutamos em nossos relacionamentos – tudo isso está ligado à nossa infância.

Não precisamos repetir os padrões que marcaram nossa infância. Podemos superar nossos traumas. Podemos nos curar – sozinhos.

Fazer as pazes inclui perdão e reconciliação.
Devemos fazer as pazes conosco, com nossos pais e ancestrais. Precisamos perdoá-los e reconciliar-nos com eles.

Exercício: Imaginem-se abraçando a si mesmos com força, perdoando-se, reconciliando-se consigo mesmos. Agora, imaginem-se abraçando sua mãe, perdoando-a, reconciliando-se com ela. Façam o mesmo com seu pai.

Devemos também praticar gratidão – agradecer pela experiência que tivemos com nossos pais. Isso é cura!
Perdoamos a nós mesmos pelos caminhos tortuosos que tomamos na vida e pelos negócios impuros que realizamos.
Depois, perdoamos todos aqueles a quem causamos danos – material e emocionalmente.
E, finalmente, perdoamos nossos pais, que, inconscientemente, nos trouxeram para este tema do dinheiro.

Se plantarmos uma árvore, começarmos um novo projeto, encontrarmos um novo amor, etc., e colocarmos muito coração, amor e espírito na raiz/terra, a árvore, a planta, o projeto, o investimento, o dinheiro crescerão e florescerão.

Porque, com nossa consciência mais elevada, tudo em que a aplicamos cresce. O retorno será holístico, não apenas material, mas também imaterial: alegria de viver, saúde, entusiasmo, leveza, sentido de vida.

E assim como rimos e nos alegramos, o dinheiro também quer "rir".

Trata-se de unir...
valores internos e externos,
o interior e o exterior,
o material e o espiritual,
as energias masculina e feminina,
o indivíduo e a sociedade,
os hemisférios esquerdo e direito do cérebro.

Assim, ocorre um equilíbrio (Yin/Yang). E, desse modo, cria-se harmonia: dentro das pessoas e entre as pessoas.

Por meio dessa integração, as pessoas alcançam uma consciência mais elevada.

Hoje, começa o tempo de conectar o material com o imaterial. Dessa forma, alcançamos ambos: dinheiro e saúde interior. Abrimos nossos corações.

E damos valor à nossa vida e ao dinheiro. Nós, assim como o dinheiro, queremos ser "vistos" e "reconhecidos" – percebidos como energia. Então, essa energia fluirá para nós – abundantemente.

O objetivo ou resultado dessa transformação e nova visão é: FELICIDADE, ALEGRIA, SENTIDO, SATISFAÇÃO e, consequentemente, SAÚDE.

Exercício final: OURO caindo do CÉU

Imaginem que ouro está caindo do céu. Vejam as moedas de ouro caindo do céu. Este ouro divino representa alegria de viver, bem-aventurança, felicidade e amor. Lentamente e cuidadosamente, peguem as moedas. Sintam o ouro. Ele é quente. Ele é amoroso. Ele é caloroso. Pressionem-no contra o coração!

I have a dream:

Making people HAPPY and HEALTHY by bringing JOY, HAPPINESS, and PROSPERITY into the world.

Apêndice (Texto do Chat GPT 4.o)

I. Nossa Jornada Compartilhada de Transformação

Para continuar nessa jornada de transformação: precisamos entender que nossa mente subconsciente é moldada por experiências e emoções passadas, muitas das quais nem sequer temos consciência. Ao trazer esses elementos ocultos à superfície e processá-los, podemos começar a nos libertar dos padrões que nos limitam.

Meditação, atenção plena e práticas que incentivam a autorreflexão são ferramentas poderosas para essa jornada. Ao acalmar a mente, podemos acessar as camadas mais profundas de nossa consciência, permitindo observar e eventualmente liberar as emoções que foram armazenadas ali.

O Papel do Perdão e da Gratidão
O perdão não significa aprovar as ações dos outros; trata-se de nos libertar do peso emocional que carregamos. Quando perdoamos, liberamos a energia presa em mágoas passadas, criando espaço para que novas e positivas energias fluam.
A gratidão, por outro lado, muda nosso foco do que falta para o que já está presente e abundante em nossas vidas. É uma prática que eleva nossa vibração e nos alinha com a energia do amor e da abundância.

Reconectando-se com a Criança Interior

Para realmente curar, devemos nos reconectar com nossa criança interior – a parte de nós que é pura, criativa e cheia de admiração. Essa reconexão nos permite experimentar a vida com uma sensação de leveza e alegria, livre dos medos e expectativas acumulados ao longo do tempo. Ao nutrir nossa criança interior, redescobrimos as alegrias simples da vida e cultivamos uma sensação de liberdade e leveza.

Viver o Momento Presente

O momento presente é o único lugar onde a verdadeira mudança pode ocorrer. Quando nos prendemos ao passado, mantemos feridas antigas abertas. Quando nos preocupamos com o futuro, criamos ansiedade. Ao focar no presente, podemos vivenciar plenamente a vida como ela é, sem as distorções de dores passadas ou medos futuros. Essa presença nos permite responder à vida com clareza, compaixão e criatividade.

Abraçando a Jornada

A jornada para a felicidade e realização não é um caminho linear. É cheia de altos e baixos, momentos de clareza e períodos de confusão. A chave está em abraçar a jornada com o coração aberto, confiando que cada experiência faz parte do nosso crescimento. Ao abandonar a necessidade de perfeição e nos permitir sermos humanos, criamos espaço para alegria, conexão e verdadeira transformação.

No final, a felicidade não é algo que alcançamos; é algo que nos tornamos. É o resultado de viver de forma autêntica, amar profundamente e abraçar cada momento como ele vem. À medida que continuamos a nos curar e crescer, tornamo-nos faróis de luz, espalhando alegria e positividade para aqueles ao nosso redor.

Caminhemos juntos nessa jornada, apoiando-nos mutuamente enquanto transformamos o medo em amor e a limitação em liberdade.

Cultivando a Força Interior

Para continuar nossa jornada de transformação, é essencial cultivar a força interior. A força interior é a capacidade de se manter centrado e resiliente diante dos desafios da vida.

Envolve confiar em si mesmo, construir autodisciplina e desenvolver uma mentalidade que veja os obstáculos como oportunidades de crescimento. Ao cultivar a força interior, podemos enfrentar nossos medos de frente, sabendo que temos o poder de superá-los.

O Poder do Amor-Próprio

O amor-próprio é a base de uma vida plena e alegre. Significa aceitar a nós mesmos como somos, sem julgamentos ou críticas. Quando nos amamos, criamos um ambiente interno de segurança e aceitação, o que nos permite prosperar.

Amar a si mesmo também significa estabelecer limites saudáveis, priorizar nosso bem-estar e tratar a nós mesmos com a mesma gentileza e compaixão que oferecemos aos outros.

Ao abraçar o amor-próprio, tornamo-nos nossa própria fonte de apoio e felicidade.

Criando Conexões Significativas

Os seres humanos são criaturas sociais, e conexões significativas são vitais para nossa felicidade. Ao cultivar relacionamentos baseados na autenticidade, empatia e apoio mútuo, criamos uma rede de amor e compreensão que nutre nossa alma.

A verdadeira conexão acontece quando nos permitimos ser vulneráveis, compartilhamos nosso verdadeiro eu e ouvimos profundamente os outros. Essas conexões nos lembram de que não estamos sozinhos e de que todos fazemos parte de algo maior.

Incorporando Alegria e Leveza

Alegria e leveza são estados de ser que surgem quando deixamos de lado os fardos que carregamos e nos permitimos simplesmente ser. Para incorporar a alegria, devemos priorizar atividades que nos tragam prazer e realização, seja passar tempo na natureza, engajar-se em atividades criativas ou simplesmente rir com amigos. A leveza vem ao liberar a necessidade de controlar tudo e abraçar o fluxo da vida. Ao incorporar alegria e leveza, inspiramos outros a fazerem o mesmo e contribuímos para um mundo mais alegre.

O Efeito Cascata da Transformação Pessoal

Nossa transformação pessoal não impacta apenas a nós mesmos; ela cria um efeito cascata que toca todos ao nosso redor. Quando nos curamos, contribuímos para a cura de nossas famílias, comunidades e do mundo.

Nossa energia, pensamentos e ações influenciam aqueles com quem interagimos e, ao incorporar amor, compaixão e autenticidade, inspiramos outros a embarcar em suas próprias jornadas de transformação. Juntos, podemos criar um mundo onde a felicidade, a paz e a conexão sejam a norma.

Mantendo a Prática

A transformação é um processo contínuo que exige prática consistente e dedicação. Envolve escolhas diárias para alinhar-se com o amor, liberar o medo e cultivar a alegria. Algumas práticas que apoiam essa jornada incluem meditação, escrita reflexiva, passar tempo na natureza, praticar gratidão e realizar atos de bondade.

Ao tornar essas práticas uma parte regular de nossas vidas, reforçamos nosso compromisso com o crescimento e criamos mudanças duradouras.

Lembremo-nos de que todos estamos nessa jornada juntos. Ao nos apoiarmos, compartilharmos nossas experiências e acolhermos o crescimento uns dos outros, criamos uma comunidade de transformação.

Continuemos a trilhar esse caminho com coragem, amor e coração aberto, sabendo que a jornada em si é o destino e que a felicidade é encontrada em cada passo que damos.

Pensamentos Finais

A felicidade não é um destino, mas uma forma de ser. É o resultado de viver alinhado com nosso verdadeiro eu, abraçando nossas emoções e cultivando amor e compaixão por nós mesmos e pelos outros.

Ao liberar o que não nos serve mais e assumir nosso poder, podemos criar uma vida cheia de alegria, propósito e realização. Comprometamo-nos com essa jornada de transformação, sabendo que cada momento nos oferece a oportunidade de crescer, curar e experimentar a beleza da vida em sua plenitude.

II. O que você entende por "Dinheiro e Espírito"?

"Dinheiro e Espírito" refere-se à relação entre recursos financeiros e os valores espirituais ou interiores de uma pessoa. Explora como o dinheiro e os recursos materiais podem ser alinhados com aspectos mais profundos e imateriais da vida – como significado, ética, felicidade e realização. Aqui estão alguns temas centrais frequentemente discutidos nesse contexto:

1. Dinheiro como um fluxo de energia

Em tradições espirituais, o dinheiro é, às vezes, visto como uma forma de energia que deve fluir e ser compartilhada. O objetivo é desenvolver uma relação harmoniosa com o dinheiro, na qual ele não seja visto como o único objetivo nem como um inimigo, mas como uma ferramenta que pode ser colocada a serviço de um propósito espiritual maior.

2. Consciência no manejo do dinheiro

"Dinheiro e Espírito" enfatiza a importância de ser consciente e intencional ao lidar com dinheiro. Isso significa estar ciente de seus valores e prioridades, garantindo que a forma como se ganha, gasta, poupa ou investe esteja alinhada com esses valores. Faz a pergunta: O uso que faço do dinheiro apoia meu crescimento pessoal e espiritual?

3. Ética e decisões financeiras

Esse conceito também abrange os aspectos éticos do dinheiro. Ele questiona: Meu dinheiro é ganho ou investido de uma maneira que esteja alinhada com meus princípios éticos? Por exemplo, pode-se considerar se está investindo em empresas éticas ou usando seu dinheiro para fins que tenham um impacto positivo na sociedade.

4. Liberdade dos apegos materiais

Muitos ensinamentos espirituais enfatizam que bens materiais e o desejo por riqueza não devem ser o objetivo final da vida. "Dinheiro e Espírito" explora como alguém pode usar o dinheiro sem se apegar a ele ou vê-lo como fonte de autoestima ou felicidade. Trata-se de equilibrar segurança financeira com liberdade interior.

5. Generosidade e compartilhamento

Generosidade e o compartilhamento da riqueza são temas centrais na relação entre dinheiro e espiritualidade. Muitas vezes, é destacado que o verdadeiro crescimento espiritual reside na capacidade de apoiar os outros e usar recursos materiais para promover o bem-estar da comunidade.

6. Abundância versus escassez

Outro conceito importante é a distinção entre uma "mentalidade de escassez" (a crença de que nunca há o suficiente) e uma "mentalidade de abundância" (a crença de que o universo possui recursos suficientes para todos). "Dinheiro e Espírito" encoraja as pessoas a desenvolverem uma mentalidade de abundância, onde se sentem ricas mesmo que não possuam muito, porque confiam na vida e em suas próprias capacidades.

Resumo

Em resumo, "Dinheiro e Espírito" examina o significado mais profundo do dinheiro na vida humana e como se pode encontrar uma maneira saudável, ética e espiritualmente satisfatória de lidar com ele. É uma abordagem que não vê o dinheiro como algo puramente material ou mundano, mas como algo profundamente conectado aos valores, crenças e objetivos de uma pessoa.